다음 세대를 생각하는
인문교양 시리즈

아우름 53

다음 세대를 생각하는
인문교양 시리즈

소년은 어떻게 어른이 될까

페르세우스 신화가 들려주는 나만의 길 찾기

이주향 지음

샘터

어른들에게

왜 페르세우스인가

이제 나는 '조카 바보'가 아닙니다. 그런데 그 아이들이 한창 클 때는 정말 조카 바보였습니다. 보기만 해도 마냥 뿌듯했던 그 사랑은 정말 나팔꽃보다 짧았습니다. 조카들이 사춘기에 접어들면서부터 그 사랑은 짝사랑이 되었으니까요.

사랑은 주는 자의 것이라면서요? 내 사랑이 짝사랑이 되는 것은 나쁘지 않은데, 정확히 중학교 2학년이 되면서부터 조카들은 부모와 갈등을 겪기 시작했습니다. 자식에게 조금이라도 나은 미래를 선사하기 위해 현재를 희생하고 공부하라고 몰아대는 부모와 부모의 울타리를 갑갑하게 느끼며 자기 방문을 닫아 버리는 아이들을 지켜보며, 나는 과감하게 조카들 편을 들었습니다. 어쩌면 그들의 미래에 대한 책임감 없이 지금 이 순간 사랑만 해주면 되는 고모의 특권이었겠지요.

부모가 자식에게 주고 싶어 하는 것은 '안정'입니다. 사회가 성공이라 이름 붙인 가도를 실패 없이 달릴 수 있는 그런 안정적인 삶 말이지요. 하지만 '안정'에 집착하는 한 격정은 위험한 것이 되고, 모험은 피해야 할 대상이 됩니다. 열정이 무시되고, 모험이 기피되는 인생을 과연 잘사는 것이라고 할 수 있을까요?

저희 조카들뿐 아니라 우리 사회는 부모와 자식 세대 간의 갈등이 심각합니다. 청소년 행복지수가 꼴찌, 자살률이 1위인 것은 우연이 아닐 것입니다. 아이에 대한 기대를 접지 못하는 부모와 그 기대에 부응하기 싫은 아이들이 자연스럽게 만들어 내는 것이 갈등입니다. 그러나 자연스럽다고 하여 다 좋은 것은 아닐 겁니다.

부모 입장에선 사랑하니 기대도 하게 되는 것이지만, 때로 기대가 잘못 비껴가면 분노로 변하기도 합니다. '내가 널 어떻게 키웠는데, 나한테 이럴 수 있어?' 하는 마음을 거름장

치 없이 총알처럼 뱉어 놓는 순간 집안은 바로 전쟁터가 되지요.

지금 당신이 페르세우스 신화를 음미해야 하는 이유

나는 이때 페르세우스 신화를 음미하는 일이 도움이 된다고 생각합니다. 정보로만 보자면 페르세우스는 미케네 문명의 영웅입니다. 역사와 신화의 경계선상에서 미케네 문명에는 지금까지 전해지는 세 인물이 있습니다.

영웅 페르세우스, 트로이 전쟁의 총 사령관 아가멤논, 그리고 트로이 전쟁을 촉발시킨, 세상에서 가장 아름답다는 미녀 헬레네입니다. 헬레네는 스파르타의 왕 메넬라오스의 아내였지만 원래는 미케네 출신이고, 아직도 미케네에는 아가멤논의 궁터가 남아 있습니다.

펠로폰네소스반도 동부에서 시작한 미케네 문명은 청동기 문명입니다. 유럽 사회가 호전적이었다는 이 문명을 기리는 이유가 있습니다. 기원전 2000년경 미케네에서 발달한 청동기 문명이 그리스는 물론 유럽에까지 문명의 빛을 전파했기 때문이지요.

그러나 우리가 지금 페르세우스를 이야기하는 건, 단순히 지나간 문명을 기려야 하기 때문만은 아닐 것입니다. '소년이 어떻게 어른이 되는가' 하는 문제의 원형을 찾을 수 있다는 데 페르세우스 이야기가 가진 진정한 매력이 있습니다.

페르세우스 신화를 통해 어른이 되기 위한 통과의례의 지난한 과정을 성찰하게 되면, 잊고 있었던 그날들, 여러분이 살아온 젊은 날들이 기억의 창에 나타날 것입니다. 젊은 날 여러분이 겪었던 혼란과 격정, 번뇌를 다른 형태로 겪고 있는 우리 아이들을 이해하는 건 아직 소화되지 않은 내 안의 그날들을 소화하는 일이기도 합니다.

'소년이 어떻게 어른이 되는가'는 매우 중요한 물음입니다. 다시 태어난다 해도 과언이 아닌 엄청난 변화의 시기를 통과하며 아이들은 크나큰 혼란을 겪습니다. 그에 따라 부모와의 대립도 아주 날카로워질 수밖에 없지요. 자기 세계관에 맞춰 아이를 틀에 넣으려는 어른 세대와 스스로의 세계를 창조해 가려는 아이들의 대립은 전쟁을 방불합니다. 소년은 어떻게 어른이 될까요?

신의 아이는 마음속의 열정을 따라 성장해야 합니다

이 책은 조카 바보였던 내가 아이들의 편에 서서 그들에게 들려주는 이야기지만, 나는 정신적으로 자기 세계를 찾아 부모의 울타리를 떠나려는 아이들뿐 아니라 그들의 부모, 삼촌, 이모, 고모와도 이 이야기를 함께 나누고 싶었습니다. 아이들이 스스로 생각하고, 행동하고, 모험하고, 괴로워하며 스스로 배우는 시간을 어렵겠지만 지켜봐 주고 기다려 달라고 말하고 싶었습니다.

우리 아이들은 마음대로 해도 되는 여러분의 소유물이 아닙니다. 페르세우스가 그랬던 것처럼 여러분을 찾아온 '신의 아이'입니다. 신의 아이는 내 마음대로 키울 수 없습니다. 그들은 자기 마음속의 열정을 따라 성장해야 합니다. 그들이 삶의 여정에서 '자신의 길'을 갈 수 있도록 우리가 잠시 도울 수 있을 뿐입니다.

페르세우스 신화는 소년이 어떻게 어른이 되는가, 그 여정을 보여 주는 이야기입니다. 어머니의 섬을 떠나 메두사의 머리를 베어 와야 하는 페르세우스는 제우스의 아들이지 않았습니까? 페르세우스는 어디로 가야 할지 막막하기만 한 상황인데도 불평하거나 투정 한번 부리지 않습니다. 스스로 선택한 자기 길이기 때문이지요. 길 위에서 스스로의 길을 개척해 가는 페르세우스 곁에는 때때로 헤르메스가, 아테나가 동행했습니다.

중요한 것은 그들의 도움이 아니라 페르세우스의 의지이고, 페르세우스의 모험입니다. 스스로 의지를 내고 그 의지를 행동으로 옮기지 않으면 하늘이 도울 수 없으니까요. 하늘은 스스로 돕는 자를 돕습니다.

아이들이 자기 신의 인도를 받아 스스로의 길을 찾아가는 데 있어, 우리 어른이 할 수 있는 것은 그 의지의 울타리가 되어 주고, 보아도 못 본 척 그저 지켜봐 주는 것입니다. 울타리가 감옥이 되면 아이들은 삶을 믿지 못하고, 어른들은 아이를 믿지 못하게 됩니다.

때로 내 아이를 지켜보며 기다리는 일이 안타깝고 어렵다 해도, 젊은 날 여러분의 페르세우스를 떠올리며 아이들을 이해하려 노력해 보면 어떨까요? 그러다 보면 당신은 아이들이 어려울 때 찾아와 의논하는 헤르메스가 될 수 있을지도 모릅니다.

청소년들에게

신화, 내면에 새겨진 나의 길을 찾아가는 여행

살아 볼수록 확연해지는 진실이 있습니다. '나'보다 소중한 것은 없다는 것, 내가 바로 보물이라는 것입니다.

그런데 우리를 둘러싼 세상은 '나'를 존중해 주고 인격의 성장을 지지해 주지 않습니다. '오징어 게임'을 기획한 기획자처럼 게임판을 만들고, 게임판을 흔들며, 하루하루, 한 시간 한 시간을 근근이 견디게 만들지요. 정말 내가 게임판의 말처럼 도구에 불과한 것 아닐까 하는 생각마저 듭니다. 매일매일, 매순간이 전쟁이라고 얘기하는 사람들도 있지요.

그렇게 휘둘리고 나면 어느 날 이런 생각이 드는 겁니다.

'아, 나를 존중해 주고 지지해 줘야 하는 존재는 누구보다 나 자신이구나!'

여러분도 '생존 전쟁' 같은 공부를 하다 문득 자신을 돌아보게 되는 순간이 있지 않나요? 내가 바라는 대로 사는 것이 아니라 이 사회가 추구하는 방향으로 키워지고 있는 것은 아닌지. 맡은 바 숙제를 성실하게 해낼 줄은 알지만, 일 혹은 공부 때문에 전전긍긍하며 불안을 벗어나지 못하고 있는 건 아닌지. 일이나 공부가 '나'를 증명하는 생명 에너지가 아니라 짓누르는 의무이기만 한 것은 아닌지. 늘 공부와 일과 사람에 치여 휴식을 원하지만 막상 혼자 있는 시간이 주어지면 어쩔 줄 몰라 하진 않는지.

누구보다 '나'를 지지해야 하는 존재는 바로 나

우리가 속해 있는 생존 경쟁판, 그 판에서 '나'를 규정하고 평가하고 몰아붙이는 가치나 윤리에 대해 생각해 본 적이 있나요? 언젠가 그런 것들이 내 안에서 나온 것이 아니라,

내 안의 열정과 본능, 광기를 무시하고 억누르는 전쟁판의 가치였고 윤리였다는 사실을 알게 되는 날이 올지 모릅니다. 그때 당황하지 말기를 바랍니다. 그 순간이 나의 가치를 찾아가는 첫 걸음이 될 테니까요.

물론 제일 먼저 혼란, 혼돈이 찾아올 거예요. 하나님도 혼돈 속에서 천지를 창조하셨지요? 혼돈은 창조의 에너지랍니다. 그런 중에도 잊지 말아야 하는 것이 있습니다. '나'를 존중해 주고 지지해 줘야 하는 존재는 다른 누구도 아닌 나 자신이라는 사실입니다.

어쩌면 이런 생각을 이미 했던 친구가 있을지도 모릅니다. 그런데 왜 그 생각에 힘이 붙지 못했던 것일까요? 그런 생각은 본능에서 올라와야 깨달음이 되고 힘이 생기기 때문입니다. 본능이 건강할 때라야 직관에 힘이 생긴답니다.

그렇다면 본능이란 뭘까요? 본능은 식욕, 수면욕, 성욕, 배설욕 등만이 아니라, 그 모든 것을 가지고 노는 생명력입니다. 억압되고 무시되어야 하는 죄의 뿌리가 아니라 존중하고 아껴야 하는 에너지의 원천, 에덴동산인 거지요. 그런 점에서 본능은 선과 악을 초월해 있습니다. 선악과를 따 먹기 이전에 형성된 생명 에너지이기 때문이지요.

그 에너지는 무조건적인 사랑 안에서 성장하고, 사람을 믿고 자연을 믿고, 노는 일에 거침이 없을 때 왕성해집니다. 따뜻한 손길, 온화한 눈빛 속에서 성장한 아이는 전적으로 그 사람을 믿음으로써 자기 자신을 믿게 되는 법이지요.

태양 아래서 거침없이 놀아 본, 놀 줄 아는 아이는 세상을 사는 일이 두렵지 않습니다. 그리고 본능이 건강한 사람에겐 싫어하는 것을 밀어내는 힘, 좋아하는 것에 다가가는 힘이 있습니다.

내가 이 책에서 소개할 페르세우스는 건강한 소년이었습니다. 제우스의 사랑을 아는 다나에의 품에서 엄마 다나에의 전폭적 지지를 받으며 바다 사람으로 성장한 섬 아이였거든요. 본능이 건강한 소년이었지요.

그가 엄마의 품을 떠나 자기 세계를 구축해 가며 건강한 청년으로 돌아와 엄마를 구원하고, 세상의 중심이 된 것은 무엇보다도 직관의 힘 덕분이라고 나는 믿습니다. 페르세우스는 결단이 필요한 순간마다 자기 자신을 믿었습니다. 길이 보이지 않을 때마다 자기의 본능을 믿고 촉을 믿고, 자기 감성을 믿었던 거지요.

자기만의 길,
그것이 보물입니다

여러분은 어떤가요? 굳이 겸손하게 얘기할 필요는 없습니다. 자신의 본능, 자신의 촉을 믿나요? 그렇다면 찬찬히 페르세우스의 성장기를 읽어 보세요. 스스로를 믿었던 페르세우스의 행적을 따라가다 보면, 그가 자기만의 길이 무엇인지 보여 준 영웅이었다는 걸 알게 될 것입니다.

영웅이라니, 너무 크고 황당한 개념 같지요? 늘 전쟁을 해야 하고, 사람을 호령해야 하는 일은 싫다고요? 나도 여러분이 그렇게 크는 것을 원하지 않습니다. 여러분은 누군가를 지배하는 일에는 관심이 없을 테니까요.

영웅은 이기려는 자가 아니라 자기 내면을 믿는 자이고, 성공하려는 자가 아니라 자기 과제를 인식하는 자입니다. 그리고 영웅이 되려는 자가 아니라 자기의 내면을 들여다보며 자기 열정을 찾아가는 자입니다.

실제로도 이기려고만 들고 영웅이 되려고만 하면, 이길 수도, 영웅이 될 수도 없답니다. 오히려 영웅이 되고 싶은 만큼 자기 감정이나 본능을 억누르며 세상에 아부해야 하지요. 그

• 프레데릭 레이턴이 그린 〈안드로메다를 구하기 위해 페가수스를 타고 서둘러 가는 페르세우스Perseus on Pegasus Hastening to the Rescue of Andromeda〉(1895~1896).

것이 바로 영웅이 되고 싶은 자들이 종종 소인배가 되고, 세상을 얻으려는 자들이 종종 세상의 노예가 되는 이유랍니다.

길 없는 길을 가고, 메두사와 대항해 싸워 이기고, 자기 여인을 만나고, 자기 나라를 세우는 페르세우스는 세상을 얻으려 한 적도 없고, 영웅이 되어야겠다고 결심한 적도 없습니다. 나는 그에게서 '우리에게는 제각기 자기만의 길이 있다는 것'을 배웠습니다. 그 길 위에서 여러분이 만나게 되는 장애는 어쩌면 걸림돌이 아니라 자기만의 길을 찾게 만들 징검다리인지도 모릅니다.

자기만의 길, 그것이 보물입니다. 페르세우스 이야기를 나와 같이 읽으며 여러분이 자신의 내면에 새겨진 '나의 길', '나의 열정'을 찾기를 기원합니다.

차례

3장 사랑, 세상에서 가장 치열한 싸움

4장 영웅, 무너진 자리에서 다시 시작하는 자

1장

떠남,
나만의 이야기가
시작되는 순간

나쁜 운명은 없다

○

엄마 품을 떠나지 않고는 진정한 어른이 될 수 없고, 그러기 위해서는 연습과 훈련이 필요합니다. 그리고 그 시작점은 나만의 공간이 절실해지는 때입니다.

왜 신화를 읽는 걸까요? 여러분은 신화 하면 뭐가 먼저 떠오르나요? 황당한 허구? 그래요, 그럴 수도 있지요. 신화가 좀 단순해 보이긴 하니까요. 그렇다고 의미까지 단순한 건 아니랍니다. 신화 속에는 우리의 이야기가 있어요.

영화 〈타이탄〉을 본 친구 있나요? 그 영화가 바로 페르세우스의 이야기를 담고 있답니다. 엄마의 섬 세리포스를 떠나 메두사의 목을 베어 온 그 영웅 말이지요. 내가 페르세우스 신화를 선택한 건 바로 여러분의 이야기이기 때문입니다. 페르세우스 신화는 소년이 어른이 되는 이야기, 즉 '어떻게 소

• 그리스 신화 속 영웅 페르세우스의 이야기를 담고 있는 영화 〈타이탄〉. (출처: 다음 영화)

년이 멋진 어른으로 성장하는가' 하는 질문에 대한 응답이랍니다.

나만의 공간이 절실해지는 순간이 바로 그때

엄마와 둘이서 세리포스 섬에 살던 페르세우스가 엄마의 섬을 떠나는 이야기부터 해볼까요? 엄마는 가장 깊이 믿을 수 있고 가장 큰 사랑을 주는 존재입니다. 그렇지만 평생 엄마 울타리에서 살 수는 없겠지요? 나이 들어서도 엄마 품에서 사는 사람을 우리는 '마마보이'라고 부릅니다. 엄마를 떠나지 않고는 진정한 남자가 될 수 없는 거지요. 그런데 그것도 하루아침에 이뤄지는 건 아니랍니다. 연습과 훈련이 필요한데, 그 시작점이 바로 나만의 공간이 절실해지는 때인 거지요.

사춘기가 되면 자기만의 공간이 필요하다고 느끼게 됩니다. 엄마가 좋은 얘기를 해줘도 잔소리로 들리고, 짜증이 나고, 화가 나지 않았나요? 그건 정상이에요. 그때는 화를 내기보다는 '아, 내가 엄마로부터 독립하고 싶은 거구나' 하고 내 마음을 알아주면 됩니다. 그러면 화나는 마음에 사로잡혀 버럭 하지 않을 수 있고, 엄마를 향해서도 "엄마를 사랑하지만 나도 나만의 시간과 공간이 필요해요"라고 합리적으로 얘기할 수 있게 될 거예요.

엄마로부터, 가족으로부터 독립하고 싶다는 건 나만의 세계를 구축하고 싶다는 의미입니다. 그때 페르세우스가 엄마를 떠나는 장면을 상기해 보는 거지요. 신화는 이 장면을 어떻게 묘사하고 있을까요?

"세리포스 왕 폴리데크테스는 구혼 선물을 모은다는 이유로 친구들을 불러 모았는데, 거기에 페르세우스도 포함되어 있었다. 페르세우스는 구혼 선물로 메두사의 머리를 바치겠다고 선언했다."

결국 모든 건 나의 선택일 뿐

여기서 키워드는 '구혼 선물'입니다. 옛날 그리스 도시 국

가에서는 왕이 결혼하면 시민들이 축하 선물을 해야 했습니다. 선물과 뇌물은 다른 거지요? 뇌물이 은밀하고 어두운, 일종의 거래라면 선물은 서로에게 기쁨이 되는 호의적 관계의 표시니까요. 그러니 누군가에게 뭔가 선물할 때는 기쁜 마음이어야 하고, 아무리 하찮은 선물이라도 기꺼운 마음으로 받아야 하겠지요.

그런데 여기서 드는 의문이 있습니다. 왜 구혼 선물이 이렇게 차이가 나는 걸까요? 남들은 구하기 쉬운 말인데, 페르세우스는 왜 어렵디 어려운 메두사의 머리인 걸까요? 여기서 "폴리데크테스 불공평한 놈, 나쁜 놈! 페르세우스를 힘들게 하다니" 욕하고 끝나면 신화를 읽은 게 아닙니다.

여기서 폴리데크테스는 누구일까요? 아니, 무엇일까요? 아마도 '나'를 다른 세상으로 내모는 운명의 상징일 겁니다. 그건 좋은 것도, 나쁜 것도 아닙니다. 그럼에도 폴리데크테스가 나쁜 놈으로 보이는 건 선택의 여지를 주지 않기 때문이지요. 길게 보면 나쁜 운명이란 없습니다. 수긍하지 못한 운명이 있을 뿐이지요.

어쨌든 폴리데크테스는 페르세우스를 새로운 세상으로 내모는 계기입니다. 그 때문에 페르세우스가 메두사의 머리를 베러 떠나야 하니까요. 하지만 그에게 모든 책임을 전가하며, 그 뒤에 숨기만 해서는 안 됩니다. 여러분 주변에도 그런 사람 있지 않나요? 이건 이 사람 때문에 망쳤고, 저건 저 사람 때문에 망쳤고, 그건 그 사람 때문에 망쳤다고 늘 원망만 하는 사람! 그런 사람치고 매력적인 사람 없답니다.

페르세우스가 고향을 떠나는 상황도 찬찬히 살펴보면, 형식은 어쩔 수 없이 내몰린 거지만 결국은 페르세우스가 선택한 것이기도 합니다. 왕에게 "메두사의 머리도 거절하지 않겠다"고 의지를 다지고, 그 의지의 말을 공표한 건 다른 누구도 아닌 페르세우스 자신이니까요. 페르세우스의 무의식은 알고 있었는지도 모릅니다. 엄마를 떠나 스스로 쟁취해야 하는 과제가 있다는 걸 말이지요. 그게 메두사의 머리로 나타난 것입니다.

다음엔 메두사의 의미를 짚어 보겠습니다.

메두사의 머리

○

비단결 같았던 메두사의 머리는 왜 머리카락 한 올 한 올이 뱀으로 변했을까요? 그것은 자신의 장점에 갇혔기 때문입니다.

메두사는 누구일까요? 머리카락 한 올 한 올이 뱀인 여자입니다. 살아 있는 생명체에 따뜻한 마음을 품을 수도, 온정 어린 시선을 보낼 수도 없는 차가운 여자지요. 그 냉정하고도 무서운 시선 때문에, 누구든 쳐다보기만 해도 돌이 되는 사악한 힘을 가지고 있답니다. 한마디로 악몽 같은 여자지요.

돌처럼 굳어진다는 건 두려움에 사로잡혔다는 거겠지요? 두려움 때문에 자신이 누군지도 잊고, 그래서 자기 삶을 살지 못하게 된다는 뜻일 겁니다. 하지만 메두사가 처음부터 그런 여자였던 건 아니랍니다.

• 단테이 게이브리얼 로세티가 그린
〈메두사의 측면Aspecta Medusa〉(1877).

아름답고 지혜롭던 여인이 괴물이 된 이유

원래 메두사는 아름다운 여인이었다고 해요. 보기만 해도 가슴이 시원해지고 심장이 두근두근하는. 특히, 머릿결이 비단결 같았다고 합니다. 신화에서 머릿결은 원초적인 아름다움 혹은 지혜의 상징이니, 머릿결이 비단결 같았다는 건 메두사가 생명력도 있고 지혜도 있었다는 뜻일 겁니다.

메두사는 아테나 신전을 지키는 사제였다고 해요. 아마도 여신 아테나를 닮아 아름답고 지혜로웠을 겁니다. 아름다움이 극에 달하면 신성을 보여 주듯, 아름다운 존재는 하늘의 별처럼 우러러보게 되고 마음에 간직하게 되지요.

그런데 어쩌다 그토록 아름답고 지혜로웠던 여인이 흉측한 괴물이 되었을까요? 그녀는 자신의 머릿결이 아테나의 머릿결보다 아름답다고 공개적으로 떠들고 다녔다고 합니다. 아라크네가 자신이 아테나보다 옷감을 잘 짠다고 떠들고 다니다가 거미가 된 것처럼 말이지요.

더구나 메두사는 아테나의 신전에서 바다의 신 포세이돈과 사랑을 나누었습니다. 평소 아테나와 포세이돈은 사이가 좋지 않았어요. 둘은 아테네를 누가 통치할 것인가를 두고 경쟁한 적도 있답니다. 아테네를 넘보는 포세이돈을 아테나는 늘 경계해 왔는데, 메두사가 그를 아테나의 집으로 끌어들인 것이지요. 모독을 참지 못하는 아테나의 성전에!

아테나를 존중하는 사람이라면 그렇게 할 수 없었을 것입니다. 메두사는 아테나가 자기 위에서 숭배를 받는 게 싫었던 것이 아닐까 생각해 봅니다. 당연히 아테나는 무척 화가 났겠지요? 그리고 이러한 신화적 사건들은 종종 아무리 재능이 있어도 신과는 겨루려고 해선 안 된다는 쪽으로 해석됩니다. 여러분은 어떻게 생각하나요?

자신이 생각하는 장점에 갇히지 마세요

사람은 언제나 장점 때문에 무너집니다. 함정은 단점이 아니라 장점에 있을 때가 많지요. 처음 사제가 되었을 때, 메두사는 아테나 신전을 찾는 사람들에게 따스한 위로가 됐을 겁니다. 지혜로운 여인이었으니까요. 차츰 사람들이 그녀를 따르기 시작했을 테고, 메두사도 사람들이 자신의 말에 따라 변화하는 게 좋았을 겁니다.

자기가 일러 주는 대로 행하지 않으면 꾸짖기도 했겠지요. 아마 좋은 소리만 듣고 싶었을 겁니다. "당신 덕분에 길을 찾았어요", "당신의 지혜에 감복했어요", "당신의 아름다움에 놀랐어요" 등등. 그러다 "아테나 신전을 지키고 있으니 아테나를 닮아 지혜로운가 봐" 하는 소리도 들었겠지요.

처음에는 별 생각이 없다가 어느 순간 자꾸 아테나와 비교되는 게 싫어졌을지 모릅니다. 포세이돈과 사랑에 빠지면서부터는 '난 아테나보다 지혜로운데' 하는 마음도 들지 않았을까요?

칼로 일어난 자는 칼로 망한다고 하지요? 그건 무력에만 해당하는 이야기가 아니랍니다. 자신이 장점이라고 믿고 칼처럼 휘둘렀던 것, 거기가 바로 그의 무덤이니까요. 그렇다고 장점을 버리라는 이야기는 아닙니다. 그 장점에 갇히지 말라는 것이지요. '나'의 장점인 것이지, 본인이 완전히 전매특허 낸 소유물은 아니니까요.

예쁜 사람은 예쁜 사람을 참지 못하고, 공부 잘하는 사람은 공부 잘하는 사람을 참지 못하는 법입니다. 예쁘다는 말을 많이 듣고 자란 사람 중에는, 자기 말고 다른 사람을 예쁘다고 하면 "그래, 그 사람 예쁘지" 하는 게 아니라 "걔가 뭐가 예뻐?" 하며 토를 다는 사람이 있습니다. 때론 분에 못 이겨 화를 내기도 하지요. 그게 바로 예쁘다는 장점에 사로잡힌 것입니다.

공부를 잘하는 친구라면 자기보다 공부 잘하는 아이가 있으면 일단 싫을 겁니다. 무시당한 것 같은 기분도 들겠지요. 하지만 그건 무시당해서가 아니라 뽐내고 싶은 마음이 상처받은 거랍니다. 이것 역시 공부 잘한다는 장점에 갇힌 것이라 할 수 있습니다. 여학생에게 인기가 많은 친구의 경우, 자기보다 인기 있는 남학생이 나타나면 속상하지요? 이 역시 같은 이치랍니다.

그래도 가야 하는 나의 길

○

나 혼자만 정처 없이 떠다니는 느낌, 내 인생만 무거운 느낌! 나의 길이 주는 무거움이 '메두사의 목'이라는 어려운 과제로 드러난 것입니다.

메두사의 머리카락이 뱀의 형상으로 변한 건 자신의 장점에 갇혔기 때문입니다. 지혜를 소유하려 했기 때문이지요. 사유화하려는 순간, 지혜는 도망가 버립니다.

사실 뱀은 지혜를 상징하는 동물입니다. 구약에서 여자를 유혹해서 선악과를 따 먹게 한 것도 뱀이지요. 인식의 나무가 무엇인지 알고 있던 지혜로운 존재였던 것입니다. 뱀은 허물을 벗지요? 그래서 재생과 부활의 상징으로 여겨지기도 합니다.

그런데 머리카락이 온통 지혜의 상징인 뱀으로 변한 메두사는 왜 아름답지 않고 그토록 흉측했던 걸까요? 나는 그것이 지혜란 소유할 수 없음을 보여 주는 은유라고 생각합니다. 지혜는 모든 것을 제자리로 흐르게 하는 바람 같은 거예요. 그럼에도 그걸 소유하려는 순간 메두사처럼 되는 거지요.

우리는 스치고 지나가는 바람에게서 배워야 합니다. 아무리 지혜라고 해도, 쓰고 난 뒤에는 반드시 돌려줘야 한다는 것을요. 어떻게 돌려주느냐고요? 물건도 아닌데? 돌려주라는 건, 오만하게 뽐내면서 상황을 붙들고 있지 말라는 뜻입니다. 어떤 일을 지혜롭게 처리하고 나서, 내가 한 일이라고, 그러니 '나'를 좀 알아 달라고 하며 설치지 말라는 거지요.

메두사 스스로 지혜의 여신 아테나보다 자신의 머릿결이 더 아름답다고 떠들고 다닌 건 지혜를 사유화하려던 것입니다. 인간은 돌려주지 못하는 순간 망가지고 말지요.

영화 〈반지의 제왕〉의 골룸을 기억하나요? 선한 스메아골이었을 때 그는 사물의 뿌리에 대해 관심이 많았던 식물학자였습니다. 그러다 절대 반지에 매혹되어 그것을 자기 것이라 우기면서 비틀리고 흉측해졌지요.

괴물로 변한 메두사는 더 이상 지혜로운 여인이 아닙니다. 오히려 지혜의 여신에게 버림받은 모습이지요. 결국 메두사의 모습은 나보다 지혜로운 자는 없다고 뽐내는 사람의 자

● 레오나르도 다빈치의 메두사라 불리는
〈우피치 메두사Uffizi Medusa〉(16세기경).

화상인 것입니다. 자신이 지혜의 이데아라고 굳게 믿어 버리는 순간, 우리도 흉측한 메두사처럼 스스로에게 갇힌 사악한 존재가 되어 버릴지 모릅니다.

자, 우리의 페르세우스가 바로 그런 메두사의 목을 베러 떠나야 하는 것이지요. 어려운 일입니다. 그런데 여기서 문득 궁금해지는 것이 있습니다. 구하기 쉬운 '말'을 바치면 되는 다른 사람들과 달리 왜 페르세우스만 이렇게 특별하고 어려운 과제를 맡은 것일까요? 표면상으로는 페르세우스를 싫어하는 세리포스 왕의 계략으로 보입니다. 페르세우스를 어머니 다나에로부터 떼어 내려는 거지요. 그런데 그 표면 아래에 이면이 있답니다.

왜 내가 가는 길만 이렇게 어려운 걸까

여러분은 사는 게 쉬운가요? 사춘기가 되면 자의식이라는 것이 생깁니다. 누구나 하고 싶은 일도 있지만, 죽어라 하기 싫은 일도 있게 마련입니다. 하고 싶은 일을 하기 위해 하기 싫은 일을 징검다리로 건너야 할 때도 있고요. 반대로 하기 싫은 일을 하지 않기 위해 하고 싶은 일을 참아야 하는 때도 있지요. 다 나름의 전략인 거지요.

하고 싶은 일을 못 하게 막으면 반항하고, 하기 싫은 일을 시키면 저항도 합니다. 그게 바로 자의식이 생기는 징조랍니다. 그렇게 자의식이 생겨나면서 자신의 길을 생각하게 되지요. 남들은 다 쉽게 가는 것 같은데, 왜 내가 가는 길만 이렇게 외롭고 어려운 걸까 하는 생각이 들 거예요. 내가 이 세상에 태어난 존재 이유가 있고, 나에게 맞는 길도 있을 것 같은데 그게 뭔지도 잘 모르겠고, 어떻게 그 길을 발견하고 걸어야 할지 막막하기만 하지요?

그렇게 '나'의 길은 메두사의 목을 베어 오라는 명령을 들은 페르세우스처럼 기막힐 정도로 어렵게 느껴지는 것입니다. 나 혼자만 정처 없이 떠다니는 느낌, 혹은 나 혼자만 고립된 느낌! 내 인생만 무거운 느낌! 그것이 '메두사의 목'이라는 어려운 과제로 드러난 것 아닐까요?

그래도 가야 합니다. 아니, 그래도 가게 되어 있습니다. 내 앞에 놓인 길이 너무 막막하고 두려워 뛰쳐나가고 싶을 때, 울고 싶을 때는 고독한 페르세우스를 생각해 보세요. 그러면 조금은 힘이 날지도 모릅니다.

자, 이제 페르세우스가 어떻게 세리포스 섬을 떠나는지 이야기해 봅시다.

엄마의 섬을
떠날 때

○

어디로 가야 할지 두렵고 막막할 때 내 안의 신성이 나를 인도할 거라 믿으면 마음이 차분해지며 눈을 감게 됩니다. 자신을 돌아보는 습관이 생기는 거지요.

페르세우스가 엄마의 섬을 떠나는 장면을 한번 떠올려 봅시다. 그동안 아버지 역할을 해주었던 디텍스는 물끄러미 페르세우스를 배웅했을 겁니다. 디텍스는 다나에와 페르세우스가 세리포스 섬에 들어와 살게 되었을 때 이들 모자母子의 울타리가 되어 준 사람입니다. 그러니 실질적인 아버지라 할 수 있지요.

그는 폴리데크테스 왕의 형이지만 그와는 무척 대조적인 인물입니다. 현자賢者니까요. 권력 지향적인 왕과 모든 것을 다 내려놓고 고기나 잡는 어부! 재미있지 않나요? '왕'과 '현자'는 잘난 남자의 두 얼굴인지도 모릅니다.

아무튼 디텍스는 동요 없이 고요한 눈빛으로 떠나는 페르세우스를 조용히 배웅했을 겁니다. 그 태도에서 페르세우스는 정말 떠나야 함을 실감했겠지요. 그리고 더 이상 엄마의 섬에서 행복한 어린아이가 아니며, 이제 엄마를 지킬 수 있는 어른이 되어야 함을 알게 되었을 것입니다. 호들갑 떨지 않고 조용히 아들의 길을 축복해 주는 것이, 남자가 되는 게 어떤 일인지 아는 아버지가 취해야 할 태도겠지요.

내 안의 신성을 믿으면 달라지는 것

디텍스의 배웅을 받으며 떠나는 길, 페르세우스는 그동안 자기 몸처럼 친숙했던 바위섬이 갑자기 낯설어졌을 겁니다. 여러분은 정들었던 곳을 떠나야 할 때, 갑자기 그곳이 낯설게 느껴졌던 경험 없나요? 정을 떼기 위한 것일 수도 있고, 돌아올 곳을 머릿속에 새기는 방법이기도 하겠지요. 낯설어야 의미가 각인되니까요.

페르세우스의 기억 회로는 때로 심술궂은 친구처럼 그를

궁지로 몰기도 했을 것입니다. 또 때로는 바닷가의 바람이나 햇살, 갈매기들이 기억날 때마다 반드시 메두사의 목을 가지고 돌아와 엄마와 엄마의 섬을 지키겠다고 다짐했겠지요.

그런데 어느 경우에도 디텍스를 아버지라 칭한 페르세우스 신화는 없습니다. 디텍스는 실질적인 아버지인데 왜 그럴까요? 페르세우스가 제우스의 아들임을 강조하기 위함일 것입니다. 영웅은 모두 신의 아들이니까요. 한 사람의 인생에서 드러나는 신성의 신비를 본 고대인들의 지혜가 페르세우스와 헤라클라스, 아테네의 영웅 테세우스를 신의 아들로 묘사하게 한 것 아닐까 생각합니다.

왜 신의 아들임을 강조해야만 하는 거냐고요? 잘난 척하기 위한 건 아닙니다. 누구나 살다 보면 숱한 어려움을 만나게 되기 마련입니다. 어렸을 때는 몰랐던 두려움도 생기고, 이런저런 일들로 속상하고 어려울 때면 스스로가 어디에도 끼지 못하는 이방인처럼 느껴지기도 하고요. 그렇게 한없이 가라앉기만 하면 우울증에 걸릴지도 모릅니다.

그때 떠올리는 겁니다. '아, 내가 겉은 이렇게 지치고 볼품없지만 그래도 난 신의 아들이었지' 하고 말이지요. 내 안에 누구도 훼손할 수 없는 신성이 있고, 그것이 나의 길을 인도

• 파리스 보르도네가 그린 〈페르세우스에게 전투 준비를 해주는 헤르메스와 아테나Perseus Armed by Mercury and Minerva〉(1545~1555).

할 거라고 믿으면 마음이 차분해지면서 눈을 감게 됩니다. 자기를 돌아보는 습관이 생기는 거지요.

실은 온 우주가 여러분의 편입니다

다시 신화로 돌아가 볼까요? 이번에도 원전은 길지 않습니다.

> "그래서 그(페르세우스)는 헤르메스와 아테나의 인도를 받으며 포르키스의 딸인 에니오와 펨프레도, 데이노를 찾아갔다. 그들은 고르고들(메두사와 자매들)과 자매간으로 날 때부터 노파였다. 그들 셋은 하나의 눈과 하나의 이밖에 없어 그것들을 서로 돌려썼다."

그 힘들고 어려운 날에, 페르세우스가 헤르메스와 아테나의 인도를 받았네요! 하늘은 스스로 돕는 자를 돕는다고 했지요? 자기 길을 걷는 자는 혼자일 때도 혼자가 아니랍니다.

페르세우스 입장에서 생각해 보면, 메두사의 목을 베러 출발은 했지만, 무엇부터 해야 할지 막막했을 것입니다. 이때 헤르메스가 나타나 메두사의 행방을 알고 있는 세 노파를 찾아가도록 도와준 것이지요.

그런데 여기서 드는 의문이 하나 있습니다. 헤르메스는 왜 처음부터 메두사의 목을 베는 방법을 알려 주지 않았을까요? 아예 신들이 메두사의 목을 베어다 주면 간단할 텐데 말입니다.

어쩌면 지금은 이해하기 어려울지도 모르지만, 인생에서 지름길은 없답니다. 반드시 거쳐야 할 과정이 있지요. 그 과정을 거치며 다음 과정을 일굴 수 있는 의지가 생기고 힘이 붙지요. 실은 우리를 도와주려는 신들의 손길이 온 천지에 미치고 있는데 우리 귀가 열리지 않아 못 듣고, 눈이 뜨이지 않아 못 보는 것인지도 모릅니다.

2장

두려움,
성장을 위해 반드시
넘어야 할 과제

내 안의 헤르메스

○

어디든 거리낌 없이 가는 헤르메스는 두려움 없는 자유로운 성향을 나타냅니다. 길을 인도하는 내 안의 헤르메스를 믿고 따라 보세요.

메두사의 행방을 아는 신녀에게로 페르세우스를 인도해 준 신이 헤르메스입니다. 여러분은 헤르메스가 누구인지 아나요? 헤르메스는 제우스의 아들로 전령사들의 신입니다. 쉽게 말하면 우체부라고 할 수 있겠지요. 공과금 고지서를 전달하는 우체부가 아니라 하늘의 것을 인간에게 전하는 우체부랍니다. 제우스는 머리가 좋고 동작이 민첩한 헤르메스를 곁에 두고 우체부로 썼던 것입니다.

사람이 죽으면 육체는 흙으로 돌아가고 영혼이 남는다고 하지요? 헤르메스는 영혼이 저승으로 가는 길을 인도해 주는 저승사자이기도 했습니다. 그러니 얼마나 바빴겠어요?

하늘에서 땅으로, 땅에서 지하 세계로, 지하 세계에서 다시 하늘로…….

그렇게 천지를 다니는 헤르메스는 나그네의 신이기도 합니다. 길을 가다 보면 전혀 생각지 못했던 곳에서 새로운 길을 만나기도 하지요? 그것이 직접 떠나 보지 않고는 알 수 없는 길 떠남의 매력이지요. 몰랐던 길도 찾도록 안내하는 신비한 현상이 바로 헤르메스가 한 짓이라고 합니다.

두려움 없는 자유로운 성향, 헤르메스

일반적으로 헤르메스는 공간 이동의 상징입니다. 지하 세계에서 하늘까지 제우스의 심부름을 다니려면 빠르고 민첩해야 할 테니까요. 이러한 신화의 내용을 꼼꼼히 따져 읽으면, 거기에도 비밀이 숨어 있습니다. 제우스의 명이라면 어디든 거리낌 없이 가는 것이 헤르메스입니다. 헤르메스의 공간 이동 능력은 어쩌면 '두려움 없는 자유로운 성향'을 나타내는 건 아닐까요? 그런 의미에서 나는 단테의 《신곡》이 〈지옥

• 얀 게리츠 반 브롱크호르스트가 그린 〈제우스가 헤르메스에게 아르고스를 죽이라고 명령하다Jupiter Gives Orders to Mercury to Kill Argus〉(1656년경).

편〉으로 시작하는 것이 우연이 아니라고 생각한답니다.

우리 내면의 지하 세계를 두려워하지 않는 헤르메스란 어떤 걸 말하는 것일까요? 주변에서 따돌림 당하는 친구를 본 적이 있나요? 혹은 스스로 나쁘게 굴면서 사람들이 다가서는 걸 막는 친구도 있을지 모릅니다. 나는 그런 친구들이 학창 시절 지하 세계의 풍경이 아닐까 생각해요. 헤르메스는 그런 친구들과 사귀는 걸 마다하지 않지요.

헤르만 헤세의 소설 《데미안》을 읽어 보았나요? 이 소설의 주인공은 사실 데미안이 아니라 싱클레어지요. 싱클레어는 좋은 집안에서 태어나 편안하게 살다가 어느 날 학교에서 따돌림을 당하며 지옥을 경험합니다. 그런 싱클레어에게 데미안이 찾아와 손을 내밉니다. 지옥 속에서 빛을 본 거지요. 친구가 되어 준 데미안으로 인해, 싱클레어는 어둠의 경험의 의미를 새길 줄 아는 청년으로 성장하게 됩니다. 싱클레어에게는 데미안이 헤르메스였던 것 아닐까 생각해 봅니다.

길을 인도하는 내 안의 헤르메스를 믿고 그런 친구들과도 사귀어 보길 권합니다. 왜 그 친구는 그렇게 이상할 수밖에 없는지, 왜 늘 화가 나 있는지 그 친구 입장에서 이해하며 함께 놀아 보는 겁니다. 그것이 여러분 내면의 헤르메스가 하는 일이지요. 누군가의 헤르메스가 되어 주면, 나의 헤르메스도 만날 수 있을 겁니다.

헤르메스적 경험 한 가지

여기서 개인적인 경험 하나를 소개하려고 해요. 내가 '헤르메스적 경험'이라고 이름 붙인 것인데, 한번 들어 볼래요? 열이 39도까지 올라 자꾸 눕고 싶은데 할머니가 해열제를 주면서 자꾸 학교에 가라고 하시는 겁니다. 왜 그렇게 그땐 학교 가는 데 목숨을 걸었는지, 학교 수업을 빠지면 큰일이 나는 줄 알았지요. 할머니는 일단 가서 앉아 있다가 힘들면 조퇴하고 오라고 하셨습니다. 보통 같으면 할머니 말씀을 들었을 텐데, 그날은 괜히 심술이 나서 못 가겠다고 말을 자르고 약도 먹지 않고 누워 버렸어요.

할머니를 거역하고 내 의지를 따라 학교에 가지 않았던 게 지나고 보니 무척 소중한 경험이란 생각이 들었습니다. 어린 시절의 나는 동생이 셋이나 딸려 있어 양보하는 것이 일상이었고, 부모님 말씀이면 무조건 따라야 한다고 생각했어요. 그런데 그때 때론 이기적으로 구는 게 필요하다는 걸 배운 거지요. 부모 형제도 침해해서는 안 되는 것이 '내가 아플 자리', '내가 나를 사랑할 자리'라는 걸 말이지요. 이것이 내가 기억하는 헤르메스와의 첫 만남이랍니다.

우리는 좋은 시민이 되어야 하고, 남에게 해를 끼쳐서는 안 되며 선행을 베풀어야 한다고 배웁니다. 부모님께 효도하고, 나라에 충성하고, 공동체를 위해 나를 희생할 줄 알아야 하며, 어떤 일이든 최선을 다해야 하고, 친절해야 한다고 말이지요.

그렇지만 좋은 시민으로 성장하는 건 우리가 가져야 할 여러 성품 중 하나일 뿐이에요. 때론 이기적으로 자기를 지킬 필요도 있고, 무례할 정도로 선을 그어야 할 때도 있답니다. 늘 착하고 친절하게 살겠다고 다짐할 필요는 없어요. 그거야말로 착한 사람 콤플렉스 아닐까요?

그 헤르메스가 페르세우스에게 그라이아이 자매들이 있는 곳을 알려 주었습니다. 메두사의 행방을 알고 있는 세 자매 말이에요! 그들은 어떤 존재일까요?

그라이아이 세 자매

○

그라이아이 세 자매가 상징하는 것은 마주하고 싶거나 생각하고 싶지 않은 무언가입니다. 그리고 누구나 그것과 맞닥뜨리고 통과해야 하는 때가 있습니다.

헤르메스의 도움은 그라이아이 세 자매가 있는 곳을 알려 주는 것으로 그칩니다. 도움은 자신의 의지를 믿게 하는 것이어야지, 다 해줘서 아무 일도 할 필요가 없게 만들어선 안 되겠지요. 그건 의지를 꺾는 일이니까요.

피할 수 있다면
피하고 싶은 그것

그라이아이 세 자매는 재미있는 여자들이랍니다. 태어날

때부터 할머니였다고 하잖아요. 게다가 말이 좋아 세 자매지, 눈이랑 치아가 하나밖에 없어서 서로 돌려썼다니 너무 웃기지 않나요?

일단 숫자 3에 대해 생각해 봅시다 '3' 하면 생각나는 게 뭐가 있나요? 성부, 성자, 성령 삼위일체! 3은 '완성'을 뜻하는 숫자입니다. 그런데 완성의 숫자는 많아요. 3, 4, 5, 12……. 물론 다 의미는 다르지요. 3은 4에 비해 역동적입니다. 동서남북 사방을 가리키기도 하는 4는 안정적으로 느껴지잖아요. 바퀴가 네 개 있는 자동차와 세 개 있는 삼륜차를 비교해 보면, 그 차이가 바로 느껴지지요?

그래서 3은 '아직 완성되지 않은 완성'입니다 그래서 3이 완성의 숫자로 등장할 때는 역동적인 드라마가 펼쳐진답니다. 삼위일체의 기독교가 얼마나 역동적으로 '전도'를 해왔나요? 눈에서 계속 피눈물을 흘리고 있다는 복수의 여신도 셋이지요. 이 드라마틱한 숫자 3은 변화가 일어나는 시간에 대한 암시입니다.

이제 흰머리 노파 그라이아이 세 자매를 상상해 볼까요? 그라이아이는 '노파들'이란 뜻입니다. 그 세 자매에겐 각기 다른 이름이 있습니다. 데이노(무서운), 에니오(전쟁을 좋아하는), 펨프레도(깜짝 놀라게 하는)! 이름도 무시무시하지요? 어쨌든 각기 다른 이름이 있는 것으로 봐서 한 몸은 아니겠지요?

세 사람이지만 눈도, 이도 하나뿐이라니, 그 모습을 상상하는 것만으로도 흉하지 않나요? 이가 하나라는 건 제대로 먹지 못한다는 건데, 그런 사람에게 삶의 탄력이 있을 리 없겠지요. 눈도 하나라니, 제대로 보지 못하는 사람이 오글오글 모여 있는 형상이리라 짐작됩니다. 그러니 얼마나 편협하겠어요. 이들 자매를 보는 것만으로도 징그러워서 눈을 감고 싶어질 것 같습니다. 그런데 페르세우스는 그 자매를 꼭 거쳐 가야 하지요.

결국 그라이아이 세 자매가 상징하는 건 마주하고 싶지도 않고, 생각하고 싶지도 않은 사람 혹은 현실일 것입니다. 여러분 주변에도 그런 친구가 있지 않나요? '전쟁을 좋아하는' 에니오처럼 늘 자기 주변을 전쟁터로 만드는 친구, 가까이 사귀다 보면 '무서운' 데이노가 되어 버리는 친구 말이지요. 그런 친구와는 평안을 누리며 함께 살기 어려울 거예요. 순간순간 '깜짝 놀라게 하는' 펨프레도가 될 테니까요.

그런데 이런 사람이 있어야 드라마가 만들어집니다. 주인

• 에드워드 번 존스가 그린 〈페르세우스와 그라이아이 Perseus and the Graiae〉(1892).

공 사이를 이간질시켜 자기편을 만들려는 사람, 그런 사람한테 걸리면 골치 아프겠지요. 그런데 그런 사람, 그런 상황을 통과하지 않고서 어떻게 사람을 이해하고, 감정을 이해하고, 관계를 이해할 수 있겠어요? 사람의 어느 시절은 허방을 감춘 무서운 전쟁터 같기도 하니까요.

누구나 그라이아이 세 자매의 이름이 상기하는 것을 통과해야 하는 시절이 있습니다. 그리고 그걸 통해 얻게 되는 저마다의 여의주가 있습니다. 페르세우스에게는 그것이 메두사의 행방이었던 거고요.

맞서지 않으면
아무것도 얻을 수 없습니다

자, 이제 페르세우스가 어떻게 했는지 볼까요? 페르세우스는 그라이아이 세 자매의 눈과 이를 빼앗았습니다. 이름부터 전쟁을 좋아하는 무서운 공포인 그라이아이 자매를 두려워하지 않고 맞서 싸웠던 거지요. 그러고는 메두사가 어디 사느냐고 물었습니다. 메두사의 행방을 알려 주기 전엔 너희

들의 눈과 이를 돌려주지 않겠다고 말하면서요. 아무리 심술 맞은 그라이아이 세 자매라도 페르세우스에게 메두사의 행방을 알려 줄 수밖에 없었겠지요?

이것이야말로 바로 길 위에서 길을 찾는 것 아닐까요? 자기가 두려워하는 것과 맞서 싸울 수 있는 용기가 있는 사람이 바로 영웅인 것입니다. 여러분은 어떨지 모르겠지만, 사람들은 대부분 두려운 것이 있으면 정면으로 맞서지 않습니다. 가급적 피해 가거나 도망치지요. 그러면 안전하기는 하겠지만, 성장이나 성숙은 일어나지 않습니다.

여러분은 무엇이 두려운가요? 무엇이 여러분을 숨 막히게 하나요? 여러분을 경직시키는 곳, 그곳이 바로 다음 단계로 가기 위해 건너야 할 징검다리랍니다. 여러분에게 권해 주고 싶은 고전이 있습니다. 언젠가 시간이 나면 톨스토이의 《전쟁과 평화》를 꼭 읽어 보았으면 좋겠어요.

《전쟁과 평화》의 주인공은 아버지에게 인정받지 못한 귀족 피에르입니다. 그는 '서자'였습니다. 자기가 그렇게 태어나고 싶어서 태어난 것도 아닌데, 아이에게 무슨 죄가 있겠어요? 하지만 사회는 신분제도라는 걸 만들어 놓고 자라나는 아이를 무시하고 폄훼하고 외면했던 거지요. 아버지를 아버지라고 부르지도 못하는 피에르였는데, 어느 날 갑자기 아버지가 세상을 떠나면서 기대치 않았던 축복을 받게 됩니다.

갑자기 백작이 되고 부자가 되자 모든 이가 그를 주목하고, 최고의 신랑감이 되어 버립니다. 그래서 얼결에 러시아 최고 미인과 결혼하게 되는데, 이게 그라이아이 세 자매처럼 흉측한 현실이었던 거지요. '찬사'에만 익숙한 아내는 도무지 대화가 되지 않았고, 매일같이 이어지는 파티, 풍요로운 식탁, 가십으로 채워지는 대화, 경쟁과 질투, 허영심으로 가득 찬 사교계는 그를 숨 막히게만 했습니다. 그러니 매일매일이 낯설고, 사는 것 같지 않고, 전쟁 같았겠지요.

그래도 보통은 길이 없으니 그냥 그렇게 살았을 겁니다. 백작이라는 신분을 즐기고, 상류층이라는 허영심을 내려놓지 못했겠지요. 하지만 피에르는 전쟁터로 나갑니다. 살아있다는 느낌을 받지 못한 피에르는 군인도 아니고, 군인일 수도 없으면서 차라리 전장의 긴장감 속에 살고 싶다는 생각을 한 거지요. 폭탄이 떨어지는 전쟁터에서는 가십이나 허영이 끼어들 수 없을 테니까요. 오로지 생존만이 문제되는 곳에서 삶의 진실이 드러나기도 하지요.

결국 피에르는 프랑스군의 포로가 되고 맙니다. 그리고 배고픔이 일상인 거기서 잊지 못할 친구를 만나게 됩니다. 그 친구는 감자 한 알을 가지고 있었는데, 혼자서 다 먹어도 양이 차지 않을 감자 한 알을 쪼개 그에게 나누어 주었습니다. 배가 너무 고팠던 피에르가 그걸 받아 입에 털어 넣으려고 하자, 그 친구는 그렇게 먹는 게 아니라며 소금을 뿌려 주고는 조용히 이렇게 말합니다.

"음미하세요, 마지막 식사일지도 모르니."

이것이 바로 길 위에서 길을 보고 길을 찾는 것 아닐까요? 혼돈의 세월 속에서 방황하느라 프리메이슨에도 가입하고, 선행도 하고, 마침내 전쟁터까지 찾았지만 사는 것 같지 않다고 느꼈던 삶이 그 순간 변화합니다. 기대치 않았던 곳에서 메두사의 행방을 찾은 페르세우스처럼 말이지요.

감자 한 알을 쪼개어 건네주는 따뜻한 마음, 작은 것을 음미할 줄 알게 만드는 진실! 구원은 그 속에 있는 것이 아닐까요?

경험을 소유하려 할 때

○

경험은 하는 거지 소유하는 것이 아닙니다. 경험을 소유하려 들면, 새로운 경험이 생기지 않고 과거의 패턴을 반복하거나 퇴보할 수밖에 없습니다.

페르세우스는 드물게, 끝까지 행복했던 영웅입니다. 아킬레우스는 트로이 전쟁에서 전사했고, 오이디푸스는 사랑하는 모든 것을 잃고 장님이 된 뒤 키타이론 산으로 들어가야 했지요. 아내의 질투로 죽을 뻔한 헤라클레스도 오이테 산에 들어가 스스로 장작더미 위에 누웠고요. 이아손은 아내 메데이아의 손에 사랑하는 아들들이 죽는 걸 지켜봐야 했답니다. 이처럼 신화 속 영웅들은 나라를 되찾고 행복하게 산 경우가 거의 없습니다. 왜 그런 것일까요?

꽃이 아름다운 것은 지기 때문이고 영웅이 감동을 주는 건 마지막 순간을 살기 때문이라는 말이 있어요. 영화 〈트로이〉에서 아킬레우스는 이런 말을 합니다.

"신은 인간을 질투해."

여기서 인간은 소인배들이 아니라 영웅을 말하는 것이겠지요.

대체 신은 왜 영웅을 질투하는 것일까요? 신은 영원히 살기 때문에 마지막 순간을 살 수 없습니다. 마지막 순간을 사는 인간의 비장미, 그런 걸 신은 느껴 볼 수 없다는 뜻이겠지요. 꽃이 진다는 건 온 힘을 다해 피었다는 뜻이고, 마지막 순간을 산다는 건 뒤를 남기지 않고 살아왔다는 뜻입니다. 그랬던 영웅이 '결혼해서 행복하게 오래오래 살았습니다'라고 하면 얼마나 진이 빠지겠어요?

그런데 페르세우스는 참으로 묘합니다. 배신을 당하지도 않고, 감당하기 힘든 질투를 받아 본 적도 없습니다. 그러면서도 자기 과업을 일군 행복한 영웅이지요. 내가 여러분에게 페르세우스 신화에 대해 이야기하는 것도, 여러분이 페르세우스처럼 당당한 어른으로 성장하고 행복하기를 바라는 마음 때문입니다. 그렇다면 페르세우스는 어떻게 행복한 영웅이 될 수 있었을까요?

경험은 하는 것이지
소유하는 것이 아닙니다

다른 영웅과 다른 페르세우스의 운명은 그의 성격에서 기인하는 것이 아닐까 생각합니다. 그는 늘 자신의 행적에서 배우고 성장합니다. 집착을 떨쳐 낼 줄 아는 담백한 영웅인 것이지요. 그라이아이 세 자매와 싸울 때도 메두사의 행방을 알아낸 뒤에 눈과 이를 돌려준답니다. 목적을 이루는 데 사용한 도구를 수집하는 인물이 아니었던 거지요. 궁극적 목적인 메두사의 머리를 얻은 뒤에도 페르세우스는 그것을 아테나에게 돌려줍니다.

여러분은 어떤가요? 자신이 집착을 떨쳐 낼 줄 아는 담백한 인물인지, 집착 많은 욕심꾸러기인지 아직 모르겠다고요? 그건 간단히 구별할 수 있습니다. 일단 방에 가보면 알 수 있지요. 잡동사니로 넘쳐나는 어수선한 방인지, 필요한 물건만 있는 소박한 방인지, 아니면 중간쯤인지……. 방은 주인을 닮게 마련이니까요.

자기 방을 잡동사니로 넘쳐나게 둔다면 그 친구는 페르세우스 같은 사람은 아닐 겁니다. 페르세우스는 그라이아이 세 자매의 눈과 이를 돌려주었지만, 보통 사람이었다면 모험을 기억하기 위해서라도 자기 방에 눈과 이를 전시해 뒀을 겁니다. 메두사의 머리도 마찬가지고요. 하지만 자신에게 보물로 가득 찬 그 방이 남에겐 잡동사니 가득한 방으로 보일 것입니다.

경험은 하는 것이지 소유하는 것이 아닙니다. 경험을 소유하려 들면, 새로운 경험이 생기지 않고 과거의 패턴을 반복하거나 퇴보할 수밖에 없습니다.

만약 페르세우스가 그라이아이의 눈과 이를 돌려주지 않고 계속 가지고 있었다면 어떻게 되었을까요? 아마 그라이아이 자매는 페르세우스를 포기하지 않았을 것입니다. 끝까지 쫓아다니며 페르세우스를 방해했겠지요. 그러면 페르세우스는 평생 그라이아이 세 자매와 싸울 일밖에 없었을 겁니다.

이런 상황에서 삶의 진보가 일어날 수 있었을까요? 삶이 늘 전쟁이었을 것입니다. 뭔가 쌓아 두기 시작하는 건 자기 삶이 곪기 시작했다는 뜻일지도 모릅니다. 새로운 삶은 하나의 삶을 정리하고 버려야 다시 시작되는 것이니까요.

• 존 싱어 사전트가 그린 〈메두사를 벤 페가수스 위의 페르세우스Perseus on Pegasus Slaying Medusa〉(1921).

정리정돈,
새로운 경험에 대한 준비

우리가 잡동사니를 과감하게 버리지 못하고 보물처럼 쌓아 두는 이유가 뭘까요? 언젠가 필요할 것 같아서가 아닐까요? 덕분에 우리 옷장은 입지 않는 옷으로 넘쳐나고, 우리 책장은 보지 않는 책으로 가득 차고, 우리 발밑은 늘 놀지 않는 장난감들로 거치적거립니다.

필요 없는 물건은 치워야 합니다. 지금부터 과감하게 정리를 시작해 보세요. 오래된 장난감은 동네 아이들에게 나눠주고, 다 본 책은 친구들과 돌려 보고, 입지 않는 옷은 재활용센터에 보내는 겁니다. 누가 해주기보다는 스스로 해야 정리가 됩니다. 그렇게만 해도 좁기만 한 방이 좀 달라 보일 것입니다.

정돈하는 습관은 나를 들뜨지 않게, 산만하지 않게, 차분하게 만들어 줍니다. 그것이야말로 새로운 경험에 대한 준비가 아닐까요? 나누든, 버리든 쓰지 않는 것들을 떠나보내지 못하면 아무리 좋은 집도 창고가 될 뿐입니다. 거기에 아늑함은 깃들 수 없지요. 나는 그것을 '쓰이지 않는 것들의 심술'이라 부른답니다. 이미 알고 있겠지만, 공간 정리는 본인이 해야 합니다. 깨끗하게 치우는 게 목적이 아니라 '내 공간'으로 만드는 것이 목적이니까요. 내가 직접 해야 힘이 생깁니다.

내면의 목소리를 따라가라

○

어쩐지 그걸 하지 않고는 못 살 것 같은 느낌, 그 내면의 목소리가 이끄는 대로 따라가면 어떤 역경이 와도 도망치지 않을 수 있습니다.

애플을 설립하고 아이폰을 만든 스티브 잡스에 대해 들어 본 적이 있나요? 멋있게 살다 간 남자지요. 그의 매력은 무엇일까요? 우선 돈? 돈이 많은 사람은 많습니다. 그렇지만 돈이 많다고 우리가 스티브 잡스를 존경하는 건 아니지요. 그렇다면 편리한 컴퓨터 세상을 열어 준 끝없는 혁신? 그런 이유로 그가 세상을 떠났을 때 사람들이 그렇게 깊게 애도했을 것 같진 않습니다.

내 생각에 스티브 잡스가 가진 진짜 매력은 '직관'이 아닌가 합니다. 파도는 바다에서 생기지만 파도가 곧 바다는 아니지요? 잡스가 벌어들인 천문학적인 돈과 그 돈을 벌게 만든 혁신은 직관의 춤이 만든 파도일 뿐입니다. 그는 직관을 따라 산 자, 직관이 살아 있는 자였습니다. 나는 페르세우스의 매력도 바로 이 '직관'에 있다고 생각합니다.

감을 믿고,
직관이 이끄는 대로 따라가라

흔히 감이라고 하지요? 페르세우스는 그걸 비이성적인 것이라 억압하거나 버려두지 않고, 감을 믿었습니다. 그리고 그 감에 따라 메두사를 찾아갔지요. 그는 다른 사람의 견해에 따라 움직이지 않았습니다. 다른 사람이 모두 '말'을 목표로 했을 때, 그가 본 것은 '메두사'였지요.

메두사는 머리카락 한 올 한 올이 모두 사람을 위협하는 뱀이라고 했지요? 멧돼지처럼 엄니가 밖으로 튀어나온 메두사는 자기 앞에 오는 모든 존재를 물어뜯는 괴물입니다. 페르세우스는 대적할 사람 없이 고립되어 있는 강한 메두사와 싸워야 했고, 이 무시무시한 괴물의 목을 베어 오는 일이 자기 사명임을 직감했던 듯합니다.

남들이 보기에 그런 길을 떠나는 페르세우스가 얼마나 무모해 보였을까요? 아마 페르세우스 자신이 이성적으로 생각해 봐도, 무모한 도전이었을 것이었습니다. 그럼에도 메두사를 찾아가는 험난한 길을 피하지 않았습니다. 왜 그랬을까요? 자신도 모르는 자신감, 무의식적인 사명을 인식했기 때문일 것입니다.

왠지 그냥 할 수 있을 것 같은 느낌 아나요? '어쩐지' 그걸 하지 않고는 살아도 사는 것 같지 않을 것 같은 느낌, 그 느낌이 인도하는 대로 가면 어떤 역경이 와도 자연스레 수긍하게 된답니다. 그것이 바로 자기를 믿고, 감을 믿고, 직관을 믿는 것입니다. 메두사와 싸우러 가는 페르세우스도 아마 그랬을 겁니다.

스티브 잡스도 비슷한 말을 했지요? 스탠퍼드대 졸업식에서 그가 했던 연설은 지금도 회자되고 있습니다. 잡스가 가진 직관의 철학을 그대로 보여 주고 있기 때문이지요. 죽음의 그림자라고 할 수 있는 췌장암에 걸린 상태에서 한 연설이라 더욱 힘이 실렸고요.

"모든 외형적인 기대, 자부심, 실패의 두려움……. 그런 것은 죽음 앞에서 아무것도 아닙니다. 죽음은 인생에서 큰 결정을 내리는 데 도움을 주는 가장 중요한 도구입니다.”

죽음 앞에서 그가 얻은 지혜는 이것이었습니다.

“다른 사람의 견해가 내면의 목소리를 가리는 소음이 되지 않게 하십시오. 마음을 따라가고 직관을 따라가십시오.”

내 마음의 신전을 찾아서

페르세우스가 직관을 따라간 흔적이 뭐냐고요? 모험 길에서 어디로 가야 할지 막막할 때 그가 찾은 곳은 델포이 신전이었습니다.

신전을 찾았다고 해서 외적인 힘에 의존했다는 뜻은 아닙니다. 신전은 신성한 곳이지요? 그곳은 교회나 절 같은 장소라기보다 ‘내 마음 가장 깊은 곳’을 뜻할 것입니다. 거기서 페르세우스는 제사장에게 메두사가 있는 곳이 어디냐고 물었습니다.

여러분은 생각해야 하는 일이 생기면 어떻게 하나요? 엄마, 아빠에게 물어본다고요? 그래요, 아직까지는 그렇게 하는 것도 좋겠지요. 그런데 앞으로는 먼저 자신의 입장을 정리해야 할 것입니다. 내 뜻이 무엇인지 살피는 게 우선이니까요. 그러기 위해서는 '내 마음의 신전'으로 들어가야 합니다.

그러려면 교회 같은 곳에 가서 기도를 해야 할까요? 그것도 나쁘지 않지만, 산책을 해보는 건 어떨까요? 집 앞에 넓은 운동장이나 공원, 산책로가 있다면 거길 천천히 걸어 보는 겁니다. 혼자서 걸으면서 머리를 쥐어짜 억지로 생각을 만들라는 이야기는 아니에요.

일단 그냥 한번 걸어 보세요. 바람과 햇살을 느끼면서! 매일매일 그렇게 걷다 보면 문득문득 올라오는 생각이 있을 것입니다. 그것이 바로 여러분 마음의 신전에서 제사장이 내려주는 신탁, 마음의 직관입니다.

그렇게 올라온 생각을 가지고 엄마, 아빠를 만나 생각을 물어보면, 대등한 입장에서 대화가 가능해집니다. 내 입장이 생기는 것이니까요. 그러면 엄마, 아빠의 생각에 따라 사는 게 아니라 내 입장과 태도를 조율할 수 있게 됩니다. 그런 연습이 무척 중요합니다. 별것 아닌 것 같지만, 그 단순한 일이 자기 삶을 사는 중요한 방법 중 하나랍니다.

돌처럼 굳은 사람

○

종종 우리 마음은 돌처럼 굳습니다. 강한 권력이나 힘에 매혹돼 넘어간 순간부터 피도 눈물도 없는 무표정한 괴물이 됩니다.

그라이아이 세 자매한테 메두사가 서쪽 나라에 있다는 것을 들은 페르세우스는 무작정 서쪽을 향해 걸었습니다. 다리에서 힘이 빠지기도 하고, 가슴에서 두려움이 올라와 바들바들 떨기도 했겠지만, 포기하지 않았습니다. 걷고 또 걸었지요.

사실 서쪽은 해가 지는 자리, 죽음의 자리입니다. 불교에서는 아미타 부처님이 계시는 곳이라고 합니다. 죽은 이들이 다다르기를 바라는 서방 정토인 거지요. 우리나라 무속신화의 주인공 바리데기 공주가 생명수를 구하기 위해 걷고 또 걸어간 곳도 서천서역국이었습니다. 서쪽으로 걸었다는 것은 생애 전부를 걸고 최후를 각오했다는 뜻입니다.

거기서 페르세우스는 별것 아닌 존재로 변장한 헤르메스를 만나고, 아테나를 만나고, 하데스를 만나지요. 신적인 존재를 보고 신적인 지혜를 얻기 위해서는 고독한 서쪽 나라를, 포기하지 않고 넋을 놓지도 않고 걸어가야 하는 건지도 모릅니다.

사소한 것들이 일으킨 삶의 기적

페르세우스는 때로 후퇴하기도 하고, 후회하기도 하고, 버겁다고 징징거리기도 했을 겁니다. 그럼에도 그가 나아갈 수 있었던 것은 별 도움이 되지 않을 것 같은 사소한 일에서 에너지를 받았기 때문입니다. 님프들에게선 헤르메스의 신발을, 헤르메스에게는 날선 칼을, 아테나에게선 방패를, 하데스에게서는 투구를 얻었지요.

그런데 그들은 신의 형상으로 나타나지 않았어요. 페르세우스를 도와준 신들은 시시하고 별것 아닌 존재로 나타나

• 에드워드 번 존스가 그린
〈페르세우스와 바다의 님프Perseus and the Sea Nymphs〉(1877).

힘을 보태고 지혜를 키워 주었습니다. 메두사를 찾기까지 페르세우스가 길 위에서 만난 도움들은 사소한 것처럼 보였지만 지나고 보면 메두사를 찾게 해준 삶의 기적들이었던 거지요.

때로 작고 사소해 보이는 일들은 무시해도 좋을 무의미한 일이 아니라 힘을 나게 하는 일상의 밥이 됩니다. 우리를 성장하게 만들어 주는 것은 일상이지 이벤트가 아니니까요.

조카들 중에 지난 추석 연휴에 아빠와 단 둘이 지리산 둘레길을 걸은 친구가 있습니다. 지리산 둘레길을 걷고 나니 다음에 혼자 걸어 보고 싶은 의지가 생겼다고 합니다. 혼자 여행해도 될 것 같은 자신감을 얻은 거지요.

그렇게 우리는 자신도 모르게 조금씩 성장하는 것입니다. 이렇듯 그냥 흘려버렸을지도 모를 시간들이 성장의 밑거름이 되고, '나'의 시간이 되고 의미가 되는 거지요. 페르세우스 또한 그렇게 성장한 후에야 비로소 메두사를 찾을 수 있었습니다.

그리고 그 순간이 또 한 번의 시험대가 되지요.

돌이 된다는 것의 의미

드디어 페르세우스는 메두사가 사는 성에 들어갑니다. 그런데 들어서자마자 분위기가 묘했습니다. 그 성에는 피가 돌고 살이 따뜻한 사람들이 없었습니다! 그들은 모두 돌처럼 굳어 있었습니다. 아니, 모두 차가운 돌이었습니다. 그러니 무슨 활력이 있겠어요? 모두 죽은 사람들뿐인데요.

현실에도 그런 곳이 있지요? 권력을 지닌 한 사람만 제 맘대로 설치고, 나머지는 모두 그 사람의 종처럼 무표정한 곳! 그런 곳이 바로 메두사의 성이었던 것입니다. 그러니 강해 보이는 그 한 사람도 살아 있는 존재라 할 수는 없을 것입니다. 소통할 수 없는 곳에서는 지배자도, 피지배자도 괴물이 되니까요.

그런데 그들은 왜 그렇게 돌이 되었을까요? 메두사를 쳐다봤기 때문입니다. 메두사와 눈이 마주친 존재는 모두 돌이 되는 거지요. 여기서 메두사는 절대 권력을 상징합니다. 쳐다보게 되고 기죽게 되고 꼼짝 못하게 되고 마침내 자기 표정을 잃어버리게 만드는 절대 권력 말이지요.

종종 우리 마음은 돌처럼 딱딱하게 굳습니다. 왜 그런지 얘기할 수 있나요? 페르세우스 같은 유형의 몇몇 사람을 제외하고는 대부분 약한 사람에게 연민을 보내기는 하지만 곧 무시해 버립니다. 반면에 강한 사람, 권력을 가진 사람들에 대해서는 비난하고 비판하지요. 그런데도 그들이 눈길을 주면 대부분 넘어가 버립니다.

절대 반지를 사랑한 골룸처럼 왜소해지고 옹색해지고 뒤틀리는 거지요. 절대 반지에 매혹된 순간부터 피를 파는 매혈賣血이 시작되고, 마침내 심장을 팔아먹는, 피도 눈물도 없는 무표정한 괴물이 되어 버립니다. 그게 돌이 되는 것 아닐까요? 그래서 메두사를 직접 보는 것이 위험한 겁니다.

그때 필요한 것이 아테나의 방패입니다. '페르세우스는 좋겠다. 아테나에게서 무적의 방패도 받고!' 이런 생각이 들었나요? 하지만 페르세우스가 방패를 받은 건 운이 좋아서가 아니랍니다. 페르세우스에게 아테나의 방패가 생겼다는 건, 메두사를 찾아 나선 고독한 길 위에서 아테나의 방패에 비견되는 지혜를 가지게 됐다는 뜻 아닐까요? 아테나의 방패가 무엇을 뜻하는지는 다음에 이야기하겠습니다.

아테나의 방패

○

아테나의 방패에 메두사를 비춰 보듯, 두려움에 마음이 돌처럼 굳지 않으려면 내면의 거울에 스스로를 비춰 봐야 합니다.

페르세우스의 사명은 메두사의 목을 베어서 가져오는 것입니다. 그런데 메두사를 쳐다보면 돌이 된다니 어떻게 해야 쳐다보지 않고 목을 벨 수 있을까요? 그래서 필요한 것이 거울입니다. 거울로 비춰 보고 칼로 내리치는 것이지요. 그 거울이 바로 지혜의 여신 아테나의 방패였던 겁니다.

그런데 어떻게 방패로 비춰 볼 수 있는 걸까요? 거울로 이루어진 방패면 깨지기도 쉬울 텐데요. 그런데 고대사회에서의 거울은 우리가 생각하는 모습의 거울이 아니랍니다. 성경에 이런 구절이 있지요? "사랑은 오래 참고 사랑은 온유하며……." 이렇게 시작하는 〈고린도 전서〉 제13장의 끝부분엔 이런 문장이 있습니다.

"그때는 거울로 보는 것처럼 희미하나……."

희미한 거울에 비춰 세상을 읽을 수 있는 사람

왜 거울로 보는데 희미하다고 하는 것일까요? 우리는 거울로 선명하게 볼 수 있는데 말이지요. 앞에서 내가 얘기했던 것 기억나나요? 페르세우스는 청동기 시대를 이끈 미케네의 영웅이라는 말. 맞아요, 청동 거울! 그건 여러분이 세수하고 얼굴을 들여다보는 그런 투명한 거울이 아닙니다. 그리고 아무나 가질 수도 없는 것이고요. 신분의 상징이기도 했으니까 말이지요. 그 청동 거울은 방패로 삼을 정도로 단단합니다. 더구나 아테나가 줬으니 천하무적 방패였겠지요.

여기서 이해되지 않는 게 있습니다. 메두사를 베려면 방패를 거울로 사용해야 한다고 했는데, 그렇게 희미하다면 어떻게 거울이 될 수 있는 걸까요? 희미하게나마 비출 수 있다면

• 르네 앙투안 우아스가 그린 〈페르세우스에게 방패를 주는 아테나Minerva Giving her Shield to Perseus〉(1697).

그걸 무기로 사용할 수 있는 자가 진정한 전사 아닐까요? 명의名醫는 기계에 의존하기보다 촉진으로 진단을 한다고 합니다. 보이지 않는 몸의 내부를 손가락으로 만져 보는 것만으로 그 사람이 앓고 있는 병을 알아낼 수 있는 사람이 진정한 명의겠지요.

명의는 환자의 병이 얼마나 깊은지, 희망이 있는 병인지 아닌지를 압니다. 그런 지식을 가지기 위해서는 셀 수 없이 많은 환자를 봐왔겠지요. 이것도 마찬가지 아닐까요? 희미한 거울에 비춰 세상을 온전히 읽는 일은 윤동주 시인의 〈자화상〉에 나와 있는 대로 "밤이면 밤마다 나의 거울을 손바닥으로 발바닥으로 닦아" 본 사람만이 할 수 있는 일일 겁니다.

미워하는 사람을 닮지 않으려면

비춰 보는 것은 정말로 중요합니다. 사실 그 일엔 종착역이 없어요. 내가 좋아하는 책 중에 헨리 나우웬이란 신부님이 쓴 《상처 입은 치유자》라는 책이 있습니다. 거기 이런 일

• 카라바조가 방패에 그린 〈메두사Medusa〉(1597).
그림 속 메두사의 얼굴은 카라바조의 자화상이다.

화가 나와요.

한 탈주병이 있었습니다. 그는 적을 피해 작은 마을로 숨어들었지요. 마을 사람들은 모두 선한 사람들이었고, 병사에게 은신처를 제공했습니다. 그런데 바로 뒤를 이어 병사들이 들이닥친 겁니다. 그들은 탈주병을 내놓으라고 윽박지르며 동트기 전까지 내놓지 않으면 마을을 쓸어버리겠다고 협박했습니다. 평화롭던 마을은 한순간에 위태로워졌지요.

사람들은 사제를 찾아가 어찌하면 좋을지 물었습니다. 사제는 잠시 기도하고 밤새 성서를 읽었습니다. 그리고 이 구절을 발견하게 됩니다.

"온 민족이 멸망하는 것보다 한 사람이 백성을 대신하여 죽는 편이 낫다."

여기서 계시를 받은 사제는 한 사람을 제물로 바치고 전체를 구하는 것이 낫겠다는 말을 전했고, 병사들은 탈주병을 끌고 가 버렸습니다. 그리고 마을 사람들은 원래대로 평화를 찾게 해준 사제에게 감사하며 잔치를 열었습니다.

그런데 그때부터 사제는 뭔지 모를 슬픔을 느꼈습니다. 깊은 슬픔에 빠져 침묵하고 있던 사제는 하느님의 목소리를 듣습니다.

"너는 구세주를 넘겨주었구나. 성서를 읽는 대신 단 한 번이라도 그 소년을 찾아갔더라면……."

여러분이 사제라면 어떻게 했을 것 같은가요? 탈주병을 넘겨주기는 했겠지만 마음으로는 찔렸을 것 같다고요? 맞아요, 아마 나라도 그 이상은 하지 못했을 겁니다. 그나마 희망이라면 사제가 잔치에 참석하지 않았다는 것 아닐까요.

그리고 이런 생각도 들었을 겁니다. 그 사제는 평소 의지해 온 성서까지 동원해 그들의 협박에 굴복한 자신을 보며 얼마나 자책하며 힘들어했을까 하는 생각! 그리고 그게 우리인지도 모른다는 생각! 이것이 바로 비춰 보는 것입니다.

메두사는 무찔러야 하는 적인데, 메두사를 쳐다보면 돌이 된다고 했지요? 무찌르는 '정의'가 언제나 궁극인 것은 아닙니다. 정의를 추구하는 과정에서 불의를 심판하려는 사람이 종종 그 대상을 닮아 가는 일이 생깁니다.

그러니 정의를 추구해서는 안 된다는 말이 아닙니다. 심판 대상의 잘잘못만 따지지 말고 자기를 돌아봐야 한다는 것입니다. 싸우는 과정에서 심장이 돌이 되면 곤란하니까 말이지요. 이런 걸 보면 어쩌면 우리 삶은 두려움 때문에 돌처럼 굳어 있는 심장을 따뜻하게 녹이는 과정인지도 모르겠다는 생각이 듭니다. 페르세우스처럼 말이지요!

그러기 위해서는 비춰 봐야 합니다. 뒤늦게 비춰 보기를 했던 그 사제처럼이라도 말이지요. 그래야 메두사와 싸우면서도 메두사가 되지 않을 수 있습니다. 사람은 종종 자신이 미워하는 사람의 얼굴을 닮습니다. 비춰 보지 못하면!

페가수스와 함께 날다

○

하안 말 페가수스가 흉측한 메두사에게서 태어난 건, 어쩌면 메두사 안에도 그렇게 아름다운 존재가 들어 있다는 뜻일지 모릅니다.

옛날에 가난한 시인이 있었습니다. 그에게는 아름다운 말이 한 마리 있었지요. 그런데 그 시인은 너무나 가난해서 먹이를 살 수 없었습니다. 그래서 눈물을 머금은 채 정든 말을 팔아야 했지요. 그 말을 산 건 농부였습니다. 농부는 그 말을 사서 어떻게 했을까요? 멍에를 씌워 쟁기를 끌게 했답니다.

참 슬픈 이야기지요? 이 말이 바로 '페가수스'랍니다. 실러의 시 〈멍에 속의 페가수스〉에 나오는 이야기인데, 혹 들어 본 적이 있나요? 날개 달린 하얀 말 페가수스는 풍부한 감성과 순수한 상상의 상징입니다. 날개가 있으니 어디로든

갈 수 있고, 때 묻지 않은 흰빛이니 오로지 심장의 말만 듣지요. 잔머리를 굴려선 페가수스를 움직일 수 없고, 혹독한 권력으로도 페가수스의 등을 빌릴 수 없습니다.

포세이돈과 메두사의 아들, 페가수스

그 페가수스가 어떻게 태어났는지 아나요? 프시케처럼 순결한 존재이니 이슬처럼 영롱한 곳에서 태어났을 것 같지만 그렇지 않습니다. 페가수스는 메두사가 흘린 피에서 태어났습니다. 페르세우스는 메두사의 목을 베고 그 머리만을 챙기지요. 칼에 목이 잘린 메두사가 얼마나 많은 피를 흘렸겠어요? 거기서 페가수스가 태어난 것입니다.

이 페가수스는 포세이돈의 말입니다. 정확히 말하면 포세이돈과 메두사의 아들이지요. 앞에서 메두사가 벌을 받게 된 게 아테나의 신전에서 바다의 신 포세이돈과 사랑을 나누었기 때문이라고 했던 것 기억하나요? 그때 잉태된 게 페가수스랍니다.

여기서 생기는 궁금증 하나! 말은 육지에 사는데, 왜 바다의 신 포세이돈의 상징일까요? 혹 말발굽을 본 적이 있나요? 말발굽이 찍힌 모양을 보면 달의 형상과 닮은 걸 발견할 수 있을 거예요. 그런데 달은 바다와 관계가 있답니다. 달이 바다의 밀물과 썰물을 관장하기 때문이지요.

달은 모든 물의 원천이기도 합니다. 달의 인력이 없다면, 지구는 지금 자전하고 있는 속도보다 훨씬 빠르게 돌았을 거예요. 바람도 굉장해서 돌들이 날아다닐 정도일 거고요. 달 때문에 지구의 자전 속도는 지금도 조금씩 느려지고 있답니다.

달이 지구에게 그렇게 중요한 존재라면, 지구는 달에게 또 얼마나 강력한 존재겠어요. 달은 자전과 공전 속도가 같습니다. 지구 중력으로 인한 조석력(주위의 행성 또는 위성이 당기는 힘)이 그만큼 강력하기 때문이지요.

우리가 사는 지구와 달이 이렇듯 깊이 연관되어 있으니, 옛날 그리스 사람들은 달 형상의 발굽을 가진 말이 달과 지구를 이어 주는 신성한 존재라고 생각한 것입니다. 말은 바다에서 태어난 달의 아이랍니다. 달이 하강한 존재인 거지요. 이 설명을 들으니 페가수스가 왜 그렇게 신비하고 아

● 에드워드 번 존스가 그린 〈메두사의 피로부터 탄생하는 페가수스와 크리사오르The Birth of Pegasus & Chrysaor from the Blood of Medusa〉(1882).

름다운 존재인지 더 분명해지지 않나요? 달과 바다는 무의식의 보물창고라고 할 수 있습니다. 꿈꾸는 자의 언덕인 거지요.

페가수스를 타고 메두사의 성을 빠져나온 이유

이토록 사랑스런 페가수스가 아름다운 아프로디테가 아닌 흉측한 메두사에게서 태어난 건, 어쩌면 메두사 안에도 그렇게 아름다운 존재가 들어 있다는 뜻일지 모릅니다. 아무리 나쁘게 변해도 우리 안에는 태고의 순수가 남아 있다는 거지요. 거기에 잇대어 있을 때 희망은 저절로 성장하는 것이고요.

신화에서는 페르세우스가 메두사의 피에서 태어난 페가수스를 타고 메두사의 성을 빠져나오는 것으로 되어 있습니다. 이는 메두사를 극복하지 못하는 한 꿈을 꿀 수 없기 때문 아닐까요?

어쩌면 여러분의 꿈은 농부에게 팔린 페가수스처럼 메두

사에 갇혀 멍에를 쓴 채 쟁기를 끌고 있을지도 모릅니다. 그 꿈에 덧씌워진 멍에를 벗기기 위해서는 메두사를 극복해야 합니다. 심리학에서는 메두사가 마더 콤플렉스의 상징이라고 설명한답니다. 이 이야기는 다음 장에서 해보겠습니다.

나는 여러분이 공부는 잘하지 않아도 되니, 자신이 좋아하는 일을 발견했으면 좋겠습니다. 좋아하는 일을 찾으면, 그걸 성취하기 위해 무엇이 필요한지도 스스로 찾게 된답니다. 그러면 힘이 나서 자기 자신을 꾸짖는 시간도 스스로 만들 수 있고, 주도적인 삶을 살 수 있게 됩니다.

한 번뿐인 삶에서 가장 중요한 건 스스로의 삶을 주도하는 것, 자기 삶의 주인공이 되는 것 아닐까요?

3장

사랑,
세상에서 가장
치열한 싸움

마더
콤플렉스

○

소년이 청년이 될 때 가장 중요한 것은 엄마의 섬을 떠나는 것, 엄마의 강을 건너는 것입니다. 그게 얼마나 중요하고 힘든 과제였으면 괴물 메두사로 표현했을까요.

엄마, 좋지요? 뭐 그런 당연한 걸 묻느냐고요? 여러분은 엄마 하면 어떤 단어가 먼저 떠오르나요? 사랑? 희생?

친구한테도 한번 물어보세요. '지극한 사랑'이라고 말하는 친구도 있겠지만, '잔소리', '집착'이라고 답하는 친구도 있을 거예요. 여러분 세대는 '엄마'에 대한 느낌이 정말 다양한 것 같아요. 그런데 말이지요, 때로 사랑은 쉽게 기대로, 집착으로 변합니다. 그리고 그 기대와 집착은 분노로 변하기도 합니다.

소년이 어른이 될 때
가장 중요한 것

한 생명이 태어나 멋진 어른으로 자라나는 데 있어 가장 큰 역할을 하는 것은 누가 뭐래도 엄마일 것입니다. 그걸 다른 말로 하면 엄마와의 건강한 애착관계라고 하지요.

어린 아기를 보는 엄마의 눈에서는 꿀이 뚝뚝 떨어집니다. 자식을 위해서라면 하늘의 별도 따다 주고 싶어 하는 것이 엄마지요. 어린 시절에는 그렇게 절대적으로 사랑해 주는 어른이 있어야 합니다. 왜냐하면 모든 생명은 자신이 받았던 따뜻한 눈빛, 온화한 손길의 힘으로 성장하기 때문이지요.

그런데 사춘기가 되면 조금 달라집니다. 이제 엄마가 내게 신경을 좀 덜 써줬으면 하는 생각이 들지 않나요? 방에 들어올 때 노크도 했으면 좋겠고, 내 감정도 존중해 줬으면 좋겠고, 사귀는 친구에 대해서도 간섭하지 않았으면 좋겠고……. 이 모두는 사실 자연스러운 성장의 증거랍니다.

어린애 취급하며 문득문득 '내 영역'을 밀고 들어오는 것처럼 느껴지면 싫지요? 엄마가 양해도 구하지 않고 내 영역을 침범할 때 여러분은 어떻게 하나요? 싫지만 받아들이나

헨리 퓌슬리가 그린 〈세리포스 섬의 다나에와 페르세우스 Danae and Perseus on Seriphos〉(1785~1790).

요? 아니면 마구 짜증을 내나요? 짜증을 내면서도 엄마에게 미안하다는 생각 때문에 내면에서 격렬한 반응이 일어나는 걸 느낀 적이 있을지도 모릅니다. 그것이 바로 '마더 콤플렉스'랍니다.

그 격렬한 감정이 죄책감이든, 슬픔이든, 분노든, 우울이든 그런 감정 속에 있을 때는 상황을 있는 그대로 인식할 수 없게 됩니다. 콤플렉스가 활성화된 상태니까요. 콤플렉스가 활성화되면 누구든 그 콤플렉스의 노예가 됩니다.

페르세우스가 메두사의 머리를 베는 일이 왜 그렇게 중요했는가 하면, 그것이 바로 심리학적으로 마더 콤플렉스를 극복하는 일이었기 때문입니다. 왜 소년 페르세우스의 과제가 메두사의 머리를 베는 것이었을까요?

소년이 어른이 될 때 가장 중요한 것은 엄마의 섬을 떠나는 것, 엄마의 강을 건너는 것입니다. 그게 얼마나 중요하고 힘든 과제였으면 괴물 메두사로 표현했겠어요?

잘 분간해야 해요. 여러분의 엄마가 괴물 메두사라는 뜻이 아닙니다. 마더 콤플렉스를 극복하는 일이 괴물과의 싸움만큼 어려운 일이라는 뜻입니다. 그걸 분간하지 못하면 실제 엄마에게 '투사(스스로 받아들일 수 없는 감정을 남 탓으로 돌리는 것)'가 일어나 괜히 엄마를 미워하거나 두려워하게 될 거예요.

자기 삶을 살기 위해 반드시 건너야 할 징검다리

소년은 마더 콤플렉스를 극복하는 과정을 통해 엄마의 감정이나 지향성이 아닌 자기의 감정, 자기의 지향성을 찾아갑니다. 그래야 자기 짝도 찾을 수 있습니다. 신화에서도 메두사의 머리를 베기 전까지는 페르세우스도 자기 여인이 없답니다. 메두사를 무찌르고 나서야 안드로메다라는 자기 여인을 찾을 수 있었지요. 이는 무척 중요한 문제예요. 마더 콤플렉스를 극복하지 않고는 자기 감정도, 자기 짝도 없다는 거니까요.

분석 심리학의 아버지라고 할 수 있는 칼 융이 잊지 못하는 환자 중에 바로 이 마더 콤플렉스를 극복하지 못해 심리적으로 앓고 있는 사람이 있었습니다. 기업가인 엄마 밑에서 잘 먹고 잘사는 것처럼 보이는 남자였는데, 그는 평생 엄마의 기대에 어긋남 없이 살고, 결혼해서도 엄마 밑에서 일했습니다.

그런데 평소에는 좋은 아들, 좋은 남편, 좋은 기업가인 이 남자가 술만 마시면 기억을 잃어버리는 겁니다. 필름이 끊기면 제멋대로 행동하고요. 술이 원인이니 술을 끊으면 되는 거 아니냐고요? 문제는 그 술을 끊지 못하고 일주일에 두어 번은 마셔야 했다는 겁니다. 그러니까 술은 이 남자 문제의 원인이 아니라 결과였던 거지요.

그가 가진 문제의 진짜 원인은 한 번도 엄마의 섬을 떠나 본 적이 없다는 것이었습니다. 뭐든 엄마가 해주었으니까요. 그의 무의식은 엄마를 두려워하면서도 엄마의 곁을 떠날 수 없었습니다. 엄마를 떠나 스스로 할 수 있는 일을 찾아본 적도 없었지요. 자기 삶이 아닌 삶을 사는 게 싫어 무의식적으로 술을 찾았던 것이지요. 융은 이 남자가 엄마와 떨어져 살게 하는 데 성공합니다.

자기 삶을 살기 위해서는 마더 콤플렉스의 극복이라는 징검다리를 반드시 건너야 합니다.

페르세우스의 사랑,
안드로메다

○

첫사랑이 실패하는 이유는 감정을 어떻게 다뤄야 할지 모르기 때문입니다. 그래서 누군가를 만나고 사랑하는 일에도 준비가 필요합니다.

진부하게 들리겠지만, 아름다움은 외적인 것이 아닙니다. 정신적인 것입니다. 아름다웠던 메두사가 그렇게 흉물스러운 존재가 된 것도 마음이 못생겼기 때문이잖아요. 아름다움도, 추함도 모두 마음에서 비롯되는 것이랍니다.

여러분도 그런 경험 있을 거예요. 하루 이틀 두고 보면 예쁜 친구보다는 선한 친구가 좋지 않나요? 좋다는 게 뭐겠어요? 옆에 두고 싶다는 거잖아요. 그런데 좀 더 살아 보면 선한 친구보다 지혜로운 친구가 좋답니다. 여러분 나이는 '지혜'란 게 보이지 않고 씨앗으로 존재하면서 성장을 준비할 때니까 그리 실감나지 않을지도 모르겠네요. 아니라고요? 살짝 손해를 보더라도 상대의 마음을 이해해 주고 우정을 생각할 줄 아는 친구가 있다고요? 그런 친구가 지혜로운 친구 아니냐고요? 맞아요!

스스로를 도울 줄 알아야 해요

다시 한번 페르세우스가 지나온 길을 정리해 볼게요. 메두사를 찾기 위해 사랑하는 어머니와 정든 고향을 떠났고, 그라이아이 세 자매와 싸워 길을 알아냈지요. 페르세우스는 그렇게 길 위에서 두려움을 삼키는 법, 외로움과 친해지는 법, 애정 어린 눈으로 자연을 관찰하는 법을 배웁니다.

여러 번 말했듯, 하늘은 스스로 돕는 자를 돕습니다. 페르세우스야말로 스스로 돕는 자의 전형이지요. 자기 길을 걷는 과정에서 페르세우스는 아테나의 방패도 얻고, 헤르메스의 신도 얻고, 하데스의 투구도 얻고, 아레스의 검도 얻었습니다. 이제 홀로 세상을 살아갈 수 있는 남자가 된 것입니다.

신들이 페르세우스를 도와준 이유는 그가 스스로를 도울 줄 아는 인물이었기 때문입니다.

신들은 지극히 평범하고 일상적인 존재로 나타나 페르세우스가 자신의 도움을 받을 수 있는 인물인지 살폈지요. 스스로를 돕지 못하는 사람에게 길은 열리지 않습니다. 길이 열린 것처럼 보여도 자기 길이 아니라면 무덤과 다를 바 없습니다. 지혜라는 것도 스스로 돕는 과정에서 생기고 성장하는 법이니까요.

사랑도 연습이 필요합니다

아테나의 방패에 비춰 메두사의 머리를 베고 고향으로 돌아가는 페르세우스한테는 남은 과제가 하나 있습니다. 스스로 행복해지기 위한 과제, 그것은 뭘까요?

맞아요, 여자친구! 이제 연애를 하고 결혼을 해야겠지요. 그건 사람으로 온전해지는 중요한 일이니까요. 하지만 문제는 마음만 가지고 되는 일이 아니라는 데 있습니다. 준비가 필요해요.

왜 첫사랑이 대부분 실패하는지 아나요? 좋아하는 마음이 지극하지 않아서가 아니에요. 첫사랑만큼 순수한 감정은 없을 거예요. 무서울 정도로 순수한 감정이 샘솟듯 솟아나지요. 그런데 마음이 아직 어리니 감정을 어떻게 다뤄야 하는지 알기 힘들겠지요? 그래서 사랑이 깨지고 마음은 다치는 거랍니다. 감정도 다루는 방법을 배워야 제대로 전달되는 법이니까요.

페르세우스의 사랑은 안드로메다입니다. 그런데 페르세우스를 만나기 전 안드로메다에겐 이미 약혼자가 있었지요. 왕의 동생인 피네우스인데, 그의 관점에서 보면 안드로메다가 자기를 배신하고 페르세우스를 선택한 것입니다. 그렇다면 안드로메다는 왜 그가 아닌 페르세우스에게 갔을까요?

피네우스는 안드로메다가 무엇을 원하는지, 그녀에게 무엇이 필요한지 무엇인지 몰랐습니다. 당시 안드로메다는 절체절명의 위기 속에 있었습니다. 약혼녀가 바닷가 절벽 위에 제물로 묶여 떨고 있는데도 피네우스는 아무 일도 하지 않았습니다. 비겁했던 거지요. 여자는 사랑에 비겁한 남자 옆에서는 생기가 돌지 않습니다. 사랑하지도 않고요. 안드로메다가 비겁한 피네우스를 선택하지 않은 건 당연한 일입니다.

그런데 피네우스는 어리석기까지 했습니다. 안드로메다가 자신을 구해 준 페르세우스와 결혼하려 하자 약혼자임을 내세워 둘의 사랑을 방해하지요. 정말 마음이 못생긴 남자 아닌가요?

"넌 내 거야"라고 주장하는 건 사랑이 아니라 집착입니다. 사랑은 상대가 원하는 것을 이해하고 해주는 것입니다. 마음이 못생기면 외모가 수려해도 못나 보이고, 마음이 예쁘면 노트르담의 꼽추도 로맨티시스트로 보입니다. 거듭 말하지만 추함은 마음에서부터 비롯되는 것입니다. 아름다워지는 것도 마음에서부터고요.

모든 부모는 수령이다

○

부모 없이는 성장할 수 없지만, 부모를 극복하지 못해도 성숙하지 못하는 것이 인간입니다. 부모라는 수령을 건너면 정신이 한 뼘 자라납니다.

페르세우스의 사랑은 안드로메다고, 안드로메다의 사랑은 페르세우스였지요. 그런데 페르세우스가 언제 안드로메다와 만난 줄 아나요? 그래요, 페르세우스가 메두사의 목을 베고 의기양양하게 고향으로 돌아가는 길목에서랍니다.

남자가 되기 전 소년의 사랑은 풋사랑입니다. 좋아하는 감정으로 소꿉놀이를 할 수는 있어도, 감정을 키우며 삶을 든든하게 만들 수는 없지요. 남자가 된다는 것은 뭘까요? 페르세우스에 비유하면, 자기 힘으로 메두사의 머리를 벤 경험이 있어야 하는 것입니다. 그런데 여기서 메두사의 머리를 벤다는 건 무엇을 상징할까요?

메두사의 머리를
벤 경험이 있나요?

잘 알다시피 메두사란 보기만 해도 돌이 되는 괴물입니다. 무지막지한 힘을 가진 존재지요. 살다 보면 대적하고 싶은데 대적할 수 없는 것처럼 보이는 것을 만나게 됩니다. 여러분은 그런 거 없나요? 숨이 막혀 빠져나오고 싶은데, 그러려고 하면 할수록 '나'를 파멸로 몰아가는 것!

아마도 따돌림 당하는 아이들은 느끼는 세상이 그렇지 않을까요? 친구들에게 이유 없이 맞고 돈 뺏기고 모욕당하다 자살한 중학생의 유서를 읽는데, 명치끝이 아파 왔어요. 그 유서에는 이렇게 쓰여 있었답니다.

"늘 맞아서 제 몸은 성치 않았어요. (…) 저는 그냥 부모님한테나 선생님, 경찰 등에게 도움을 구하려 했지만, 그들의 보복이 너무 두려웠어요. (…) 매일 맞던 시절을 끝내는 대신 가족들을 볼 수 없다는 생각에 벌써부터 눈물이 앞을 가리

• 폴 귀스타브 도레가 그린
〈안드로메다Andromeda〉(1869).

네요."

얼마나 맞았으면 그랬을까요? 따돌림까지는 아니더라도, 여러분도 외모나 약점 때문에 친구들에게 놀림을 당했던 적은 있을 거예요. 그럴 때 어떻게 대응했나요? 제 조카는 내가 그런 데 네가 보태 준 거 있느냐고 정색을 했더니 더는 놀리지 않았다고 합니다. 남의 단점 가지고 놀리는 애들이 한심하다는 생각이 들었다고 하네요.

그게 바로 메두사의 머리를 벤 경험입니다. 그렇게 메두사를 이겨 봐야 자존감도 생깁니다. 그래야 여러분의 안드로메다를 만났을 때 마음으로 나눌 말도 있겠지요.

고향으로 가는 길목에서 페르세우스는 이상한 풍경을 보았습니다. 아름다운 여인이 파도치는 바다 위에 솟은 바위에 묶여 죽음을 기다리고 있었지요. 페르세우스는 그 여인에게 한눈에 매료되었습니다.

메두사의 목을 벤 경험이 있다는 건 자기를 던져 본 경험이 있다는 뜻이지요. 자기를 던질 줄 아는 남자는 사랑을 위해 목숨을 걸 수 있습니다. 사랑과 함께 행복하든지, 사랑을 지키다 파멸에 이르든지. 그렇게 해본 적이 없는 남자는 남자라 할 수 없지요.

딸을 수렁에 빠뜨린 엄마

안드로메다를 바위에 묶어 놓은 건 에티오피아의 백성들이었습니다. 안드로메다의 어머니는 왕비인 카시오페이아입니다. 세상 무서운 줄 모르는 카시오페이아는 바다의 요정보다 자신의 딸이 아름답다 자랑하고 다녔지요. 그러자 화가 난 바다의 신이 에티오피아를 물바다로 만들어 버렸습니다.

바다의 신을 달랠 제물이 필요했습니다. 위기에 빠진 에티오피아 백성들은 왕에게 화근이 된 안드로메다를 제물로 바쳐야 한다고 고합니다. 이야기를 찬찬히 되새겨 보면, 결국 안드로메다를 제물로 만든 사람은 어머니 카시오페이아입니다.

사실 모든 부모는 수렁입니다. 말이 좀 무섭지요? 좋은 부모일수록 수렁입니다. 수렁은 수렁인데, 이 수렁을 건너면 정신이 한 뼘 자랍니다. 그러니 징검다리이기도 하지요. 부모 없이는 성장할 수 없지만, 부모를 극복하지 못해도 성숙하지 못하는 것이 인간입니다. 성숙하지 못한 청년들은 바닷가 바위에 묶인 안드로메다처럼 위태로운 존재인 거지요.

자식은 원하든 원하지 않든 부모를 닮습니다. 그게 무엇을 뜻하겠어요? 길게 보면, 자식은 모두 부모가 가진 문제를 그대로 앓는다고 할 수 있답니다.

독립한다는 것의 의미

○

부모로부터 독립한다는 건 부모를 미워하는 것이 아니라, 부모를 한 사람으로서 이해하는 것입니다.

안드로메다를 바다 절벽으로 몬 사람은 다른 사람이 아닌 어머니 카시오페이아였습니다. 그것이 뜻하는 바는 무엇일까요? 자식은 부모의 문제를 앓게 된다는 것입니다.

부모의 문제를 앓는다는 것

제자 중에 부모님 문제로 골머리를 앓는 남학생이 있었습니다. 그 학생 말로는, 엄마도 좋은 사람이고 아빠도 좋은 사람인데, 할머니 때문에 매일 두 분이 싸운다고 했습니다. 할머니는 자기밖에 모르는 이기적인 노인인데, 자꾸 엄마에게 잔소리만 늘어놓고 그러다 삐쳐서 집을 나가 버리신다는 겁니다. 그렇게 할머니가 고모네 집에 며칠 가 계시면 집안은 조용한데, 이번에는 아빠가 엄마한테 화를 낸답니다. 노모를 구박했다고.

고모네 집이라고 편할 리 없을 테니, 결국 할머니는 따로 집을 얻어 나가시게 되었답니다. 아버지는 할머니랑 그 집에서 살고, 본인은 어머니랑 산다고 합니다. 그 학생은 잘 삐치는 할머니 때문에 어머니를 홀대하는 아버지가 섭섭하다고 했습니다. 그래서 엄마한테 자기가 잘 모실 테니, 아빠와 이혼하라고 말했답니다. 시어머니의 이간질에 넘어가 아내를 미워하니, 남편 자격이 없다는 거지요.

나는 그 학생에게 이렇게 말했습니다.

"지금 그 그림이 너의 미래란 생각이 들지 않니? 할머니 편을 드는 아버지가 섭섭해서 이혼하라고 부추기고, 어머니를 모시겠다고 하는 네 모습이 꼭 네 아버지 같지 않니? 아버지와 갈등하는 어머니를 네가 모시겠다는 건 말이야, 어머니의 정서를 책임진다는 뜻이잖아. 그건 나중에 네 아내가 생겼을 때의 밑그림일지도 몰라. 네가 결혼하고 나서 네 아내와 어머니가 갈등한다면 너는 어떻게 할래? (…) 자식은 그렇게 부모의 문제를 그대로 앓게 되어 있어.”

부모로부터 독립한다는 것의 진짜 의미

그렇다면 어떻게 해야 할까요? 그냥 부모처럼 똑같이 앓아야 할까요? 문제를 알면 거기서 벗어날 수 있습니다. 아마 그 학생은 어머니의 시선을 통해 할머니를 봤기 때문에 할머니만 문제라고 생각했을 것입니다.

사람마다 세상을 보는 자기만의 방식이 있는 건데, 왜 그 학생은 어머니의 시선을 통해 세상을 보았던 것일까요? 사람들은 남들과의 사이에서 내 방식이 억압당하는 것에 민감합니다. 만약 누군가 사랑한다면서 나를 자기 방식대로 조정하려 들면, 사랑은 소유하는 게 아니라고 반발하겠지요? 이미 ‘나’의 방식이 있기 때문에 다른 방식으로 조정하려는 상대의 고집과 부딪히는 것입니다. 이런 갈등은 그래도 조정하기가 어렵지 않습니다. 충돌을 통해 서로의 방식을 돌아보게 되기 때문입니다.

하지만 가족 사이에선 그게 어렵습니다. 아이는 부모를 통해 세상에 나왔을 뿐 아니라 부모를 통해 세상을 배우니까요. 극단적으로 말하면, 부모는 곧 아이의 세상입니다. 특히 엄마! 엄마의 시선이 곧 나의 시선이 되어, 그 시선으로 세상을 보는 거지요. 그러니까 할머니를 '자기밖에 모르는 이기적인 노인네'라고 하는 건 그 학생이 아닌 어머니의 생각일 확률이 높습니다.

노인을 그렇게 미워하다니, 그 형(오빠)의 엄마가 나쁘다고요? 그렇게 단순한 문제가 아니랍니다. 가족 문제는 대부분 감정의 문제예요. 감정의 문제, 호불호의 문제를 무엇이 옳고 그른가로 판단하면 갈등이 멈추기는커녕 증폭될 수밖에 없습니다.

나는 그 학생에게 할머니를 직접 만나서 할머니 편에서 얘기를 한번 들어 보라고 조언했습니다. 또 아버지도 만나서 내가 할머니를 책임질 테니, 아버지는 무조건 어머니 편을 들어줬으면 한다고 부탁하라고 했지요.

엄마로부터 독립한다는 건 엄마를 미워하는 게 아니라 엄마를 한 사람으로서, 한 여인으로서 이해하는 것입니다. 안드로메다는 그걸 몰랐기 때문에 어머니의 제물이 된 것이지요.

사랑은
치열한 싸움

○

안온하고 따뜻한 사랑을 얻기 위해서는 바다 괴물과 싸운 페르세우스처럼 부모의 세상과 싸워 나의 세상을 일궈야 합니다.

여러분은 사랑이 어디에서 온다고 생각하나요? 미모? 집안? 학벌? 성격? 안드로메다도 예뻤으니까 페르세우스의 눈에 띄고, 전심전력을 다해 구해야겠다고 마음먹을 정도로 사랑에 빠지게 된 거 아니냐고요? 그럴 수 있겠네요. 그런데 예쁘다는 건 의외로 매우 주관적이랍니다. 예쁘기 때문에 사랑한 게 아니라 사랑하기 때문에 예뻐 보였던 것일 수도 있어요.

그렇다면 사랑은 어떻게 올까요? 그건 아무도 모릅니다. 오죽하면 봄바람처럼 소나기처럼 별빛처럼 온다고 했겠어요? 사랑이 어떻게 오는지는 모르지만 지금 내가 하는 게 사랑인지 아닌지는 구별할 수 있습니다. 주고 또 주어도 아깝지 않은 것이 사랑입니다. 진정한 사랑은 목숨까지 내어줄 수 있지요. 로미오와 줄리엣이 목숨 건 사랑을 했던 것처럼요.

완전한 사랑은
그 자체로 구원입니다

진정한 사랑은 완전한 사랑이고, 완전한 사랑은 구원입니다. 위기의 순간에 안드로메다를 구해 준 건 페르세우스였습니다. 안드로메다가 엄마의 문제로부터 해방될 수 있었던 것은 사랑 덕분이었습니다. 위기의 순간에 구해 주겠다고 맹세하는 것이 사랑이 아니라, 사랑 자체가 이미 구원인 것이지요. 때가 되어 사랑을 따라간 연인들은 이미 구원을 받은 거라고 할 수 있겠네요.

때가 되면 사랑을 따라가야 합니다. 이게 무슨 말이냐고요? 사랑은 아름다운 휴식 같아 보일지 몰라도, 실은 가장 치열한 싸움이랍니다. 사랑을 얻기 위해 페르세우스는 뱀처

• 에드워드 번 존스가 그린
〈바다 괴물의 죽음The Doom Fulfilled〉(1888).

럼 생긴 바다 괴물과 싸워야 했습니다. 세상엔 공짜가 없으니까요. 따뜻하고 안온한 사랑을 얻기 위해선 바다 괴물과도 치열하게 싸워야 합니다.

바다는 우리가 태어난 무의식입니다. 안드로메다의 관점에선 그동안 자신을 키워 준 어머니 아버지의 세상이라 할 수 있겠지요. 그런데 그 세상이 나에게 힘을 주는 에너지가 아니라 나를 잡아먹는 괴물이 되어 가고 있는 겁니다.

그 괴물과의 싸움에서 이겨야 '나'의 세상을 일굴 수 있습니다. 어머니나 아버지의 세상이 아닌 '나'의 세상을 만들고 '나'의 질서를 세워야 하는 때가 있습니다. 더 이상 어머니 아버지의 하늘 아래선 살 수 없고, 살아서도 안 되는 그런 때 말이지요.

때가 되면
자기 사랑을 따라가라

한 소녀가 있었습니다. 그녀는 엄마 아빠의 보물이었지요. 공부도 잘하고 선하고 예쁘기도 해서 부모는 한 번도 딸 때문에 속을 끓여 본 적이 없었습니다. 그저 남 주기 아깝다는 말만 했답니다. 공부하는 부모를 닮은 소녀는 대학에 가서도 공부만 했습니다. 그러다가 한 남자를 만났는데, 그는 엄마 아빠가 사윗감으로 단 한 번도 고려해 본 적 없는 노래하는 사람이었습니다.

부모 눈에 가수는 안정적일 수 없는 딴따라였고, 그래서 그들은 딸에게 금족령을 내리고 서둘러 유학을 보냅니다. 그리고 남자를 만나 점잖게 내 딸을 사랑하거든 공부하는 걸 방해하지 말라고 말하지요. 소녀는 다나에의 아버지인 아크리시오스를 닮은 부모 때문에 사랑하는 연인과 억지로 헤어져 유학을 갔습니다. 하지만 유학 가서 공부를 한 게 아니라 우울증을 앓았지요.

바로 이 상황이 꽁꽁 묶여 바다 괴물에게 잡아먹히게 된 안드로메다와 같은 상황입니다. 그대로 방치했다간 우울증으로 인해 스스로를 망치게 될지 모릅니다. 영혼이 죽어 가는 거지요. 바다 괴물의 제물이 되는 겁니다.

여러분이 그 남자라면 어떻게 할까요? 당장 가서 데려올 거라고요? 맞아요, 그녀를 진정으로 사랑한다면 가서 데려와야지요. 그리고 둘의 사랑은 부모가 아닌 두 사람이 책임

져야 합니다. 그게 바로 바다 괴물과 싸우는 법이고, 때가 되어 자기 사랑을 따라가는 법입니다.

어떤 사랑의 그림자

○

둘의 결혼식을 방해하려고 나타난 피네우스는 메두사의 머리 앞에 돌로 변해 버립니다. 돌처럼 굳어 버린 마음으로는 사랑해도 성숙할 수 없습니다.

바닷가 절벽 위에 제물로 묶여 있던 안드로메다를 구한 페르세우스는 그녀와 함께 궁전으로 입성했습니다. 신부를 구해 신부의 부모 집을 찾았으니, 얼마나 당당했겠어요?

멋진 사윗감을 본 왕 케페우스와 왕비 카시오페이아도 혼인 준비를 하며 흐뭇하고 행복해했습니다. 아마도 그건 금이야 옥이야 키운 딸이 자기 품을 떠나는 쓸쓸함을 압도하고도 남을 행복이었을 것입니다. 신부를 사랑하는 신랑도, 신랑이 든든하기만 한 신부도, 하다못해 그들을 지켜보는 궁전의 문지기까지 모두가 행복했을 것입니다.

행복한 결혼식의 훼방꾼, 피네우스

그런데 그 행복의 한복판에서 소란이 일어났습니다. 안드로메다를 자기 신부라고 주장하며, 이 혼인은 무효라고 난리법석을 피운 남자가 있었거든요. 누군지 알겠지요? 그녀의 약혼자였던 피네우스입니다. 안드로메다가 죽게 생겼을 땐 도망가 있다가 이제야 나타나서 자기 신부라 주장하는 목소리만 큰 남자!

여자는 비겁하고 몰염치한 남자를 사랑할 수 없다고 말한 바 있지요? 그렇지만 피네우스 관점에서는 원래 자기 약혼녀였고, 훨씬 성숙하고 아름다워져 돌아온 그녀를 포기하기가 쉽지 않았을 것입니다. 누군지도 모르는 이상한 놈이 나타나 비겁하게도 자기 여자를 빼앗아 간다고만 생각했겠지요. 비겁한 사람은 원래 반성할 줄 모르고 남에게 책임 전가만 하는 데 익숙하니까요.

여자가 절벽 위에서 바들바들 떨고 있을 때 아무런 도움을 주지 못하고 사라진 남자는, 다른 남자를 선택한 여자를 존중하는 방법도 모릅니다. 안드로메다가 왜 페르세우스를 사

• 루카 조르다노가 그린 〈피네우스와 그의 부하들과 싸우는 페르세우스Perseus Fighting Phineus and his Companions〉(1670).

랑했는지 그는 영원히 모를 것입니다.

두 사람의 결혼식에 나타난 피네우스는 페르세우스의 심장을 향해 기습적으로 창을 던집니다. 페르세우스는 날쌔게 창을 피한 뒤 피네우스 일당과 싸우지요. 행복해야 할 결혼 축제는 난장판이 됩니다. 물론 페르세우스가 승리합니다. 그는 메두사의 머리를 높이 치켜들어 피네우스 일당을 돌로 만들어 버립니다.

사랑했지만
그땐 왜 몰랐을까요

피네우스가 돌덩어리가 되었다는 것은 무엇을 뜻할까요? 마음이 돌처럼 굳었다는 것 아닐까요? 사람을 물건 취급하고, 점수 매기는 그런 마음을 가졌다는 뜻이겠지요. 마음이 돌처럼 굳으면 진실은 보이지 않고 사랑도 흐르지 못합니다. 돌처럼 굳은 마음으로는 친구를 사귀고 연인과 사랑해도 성숙할 수 없습니다.

'사랑했어요, 그땐 몰랐지만' 하는 김현식의 노래를 들어 본 적 있나요? 〈사랑했어요〉라는 노래인데, 나는 그 노래를 좋아하면서도 잘 이해되지는 않았습니다. 사랑했는데 어떻게 모를 수 있는지 말이에요. 때로 이해되지 않아 버리는 게 있고 이해되지 않아 품는 게 있는데, 〈사랑했어요〉는 이해되지 않아 품게 된 마음의 노래였습니다.

마음 바쳐 사랑했다면서 어떻게 모를 수 있는 걸까요. 그래요, 마음이 돌처럼 굳어 있어 몰랐던 것입니다. 피네우스처럼 말이지요. 현실적으로 따져서 그 사람의 인물과 집안, 학벌, 가능성이 10점 만점에 4점밖에 안 되니, 가까이 지내면서도 더 이상 가까워지지 않는 관계가 있을 것입니다.

그리고 그런 게 바로 피네우스의 마음이었겠지요. 아름다운 공주였을 때 안드로메다는 10점 만점에 10점이었을 것입니다. 그러다 그녀가 제물이 되었을 땐 2점쯤 되었을까요. 그 후에 10점 만점에 12점이 되어 돌아오니, 다시 자기 여자라 우긴 거지요.

사람은 없고 점수만 있는 사랑. 피네우스만 그런 것이 아니라 우리 사랑의 그림자일지도 모릅니다. 사랑의 조건을 따지느라 정작 사랑을 모르는 젊은 날의 초상! 반면 페르세우스의 가장 큰 매력은 마음이 돌처럼 굳지 않았다는 거겠지요. 그러니 살아 있는 연애를 하고 행복하게 결합할 수 있었을 것입니다.

4장

영웅,
무너진 자리에서
다시 시작하는 자

페르세우스,
정착하다

○

결혼은 남성성과 여성성의 융합입니다. 결혼 생활을 통해 여성성에 힘이 붙어야 남자도 자신의 감정을 살피고 타인을 배려할 줄 알게 됩니다.

어머니의 섬을 떠나 오랜 시간 방랑한 페르세우스는 길 위에서 존재 이유를 찾았습니다. 사랑을 얻기 위해서는 치열한 싸움에 목숨을 걸어야 한다는 것도 배웠습니다. 그리고 마침내 안드로메다와 결혼해서 행복하게 살았습니다.

페르세우스 안의 여성성

심리학적으로 결혼은 남성성과 여성성의 융합입니다. 결

혼 생활에 문제가 생기면 많은 사람들이 그 원인을 상대방에게 떠넘기지요. 그런데 사실은 상대의 문제라기보다는 '나'의 남성성에, 혹은 여성성에 문제가 있는 경우가 많습니다.

왜 그런 사람을 좋아하고, 그런 사람에게 크게 실망했는지 스스로 인식하지 못하는 한, 또 다른 사람을 만나도 소용이 없습니다. 비슷한 사람을 만나 사랑에 빠지고, 비슷한 문제를 반복해서 겪게 될 테니까요.

아무튼 페르세우스는 아들 페르세스를 얻을 때까지 안드로메다의 궁전에서 안드로메다와 행복하게 살았습니다. 그런데 그는 왜 그녀의 집에서 살았던 것일까요? 엄마를 구하러 가야 한다는 것도 잊은 채 말입니다.

페르세우스는 오랫동안 방랑했던 사람입니다. 메두사의 목을 베어야 한다는 일념으로 살았지요. 그런데 이제 정착을 배워야 하는 때가 된 것입니다. 남자에게는 자기 여자가 정착지입니다. 여자의 집에서 산다는 건 데릴사위로 들어간다는 얘기가 아니라, 내 안의 여성성에 살을 붙여 힘을 얻는다는 것입니다.

여성성에 힘이 붙어야 남자는 비로소 생기가 돕니다. 자

• 안톤 라파엘 멩스가 그린 〈페르세우스와 안드로메다Perseus and Andromeda〉(1778).

신의 감정을 살피고, 타인의 감정도 배려할 줄 알게 되지요.

어머니와 화해하게 만드는 에너지

남자들 중에 말만 하면 화를 내고, 목표가 정해진 일은 잘 처리하는데 그렇지 않으면 어찌할 줄 모르는 사람이 있습니다. 그것이 여성성이 병든 남자의 증상이랍니다. 모험만 좋아하고 목표를 향해 나아가는 것에만 익숙한 남자가 익혀야 할 것은 여성성입니다.

여성성이 풍요로운 남자는 마침내 어머니를 찾게 됩니다. 홀로 선 남자가 되기 위해 결별했던 어머니를 진정한 남자가 되어서 다시 찾아가는 것입니다. 남자 안의 건강한 여성성은 어머니와 화해하게 만드는 에너지입니다.

정착한 페르세우스는 어머니를 구하는 것이 자신의 인생에 매우 중요한 숙제였음을 깨닫고, 세리포스의 왕 폴리데크테스의 폭력을 피해 도망 다니던 어머니를 구하러 갑니다. 그래서 어떻게 되었느냐고요? 폴리데크테스는 돌이 되었답니다. 페르세우스가 메두사의 머리만 들이민 거지요. 폴리데크테스는 자신이 가장 두려워했던 것 앞에서 무너진 것입니다.

떠날 줄 아는 자,
돌려줄 줄 아는 자

이제 주목해야 하는 건 그 후 페르세우스의 태도입니다. 스스로 투쟁해서 얻은 메두사의 머리, 잘만 썼으면 무소불위의 권력을 휘두를 수 있었을지도 모릅니다. 세상 모든 사람을 돌로 만들 수 있는 힘이 있으니까요. 그런데 그 좋은 걸 아테나 신에게 돌려줍니다. 메두사는 원래 아테나 신전의 신녀였으니, 그 원주인인 아테나에게 돌려준 거지요. 아테나는 그걸 받아 자신의 방패에 붙여 힘을 더했습니다.

이게 얼마나 어려운 일인지 아나요? 내가 만약 여러분 나이였다면 절대로 안 돌려줬을 겁니다. 이제 막 메두사의 머리를 찾아 항해를 시작할 때인데, 벌써부터 닻을 내릴 생각을 하면 모험의 열정이 사라질 테니까요.

어쨌든 페르세우스는 메두사의 머리로 엄청난 권력을 누릴 수 있었음에도, 그것을 아테나에게 당당히 돌려주었습니다. 힘을 이용해 특별한 사람으로 존중받는 데 익숙한 사람은 메두사의 머리를 놓치지 않으려고 벌벌 떨다가 메두사처럼 추해졌을지 모릅니다. 하지만 페르세우스는 그걸 놓아 버리고 자연인으로 돌아갔습니다.

이것이 바로 페르세우스가 끝까지 행복한 몇 안 되는 영웅이 된 이유겠지요. 돌려주는 일을 할 수 있었기 때문입니다. 떠날 줄 아는 자, 돌려줄 줄 아는 자의 뒷모습이 아름답다는 건 페르세우스 같은 사람에게 하는 말 아닐까요.

돌아온 페르세우스

○

돌아온 페르세우스는 독재자에게서 어머니를 구하고 투쟁해서 되찾은 섬을 딕테스에게 돌려줍니다. 소유에 집착하지 않는 것, 그것이 바로 그가 행복한 이유입니다.

어서 오라 그리운 얼굴이여……

이 밤이 새기 전에 땅을 울리며 오라

어서 어머님의 긴 얘기를 듣자

이시영 시인의 시 〈서시〉의 한 대목입니다. 나는 이 시를 읽을 때마다 페르세우스의 노래 같다고 생각했답니다. 고향은 어머니가 기다리고 있는 곳이고, 어머니의 긴 얘기를 듣는 곳이지요? 어머니의 긴 얘기를 듣는다는 건, 남자들의 나라에서 짓눌려 있는 어머니를 해방시켜 주는 것이기도 하겠지요.

아버지의 아들로서 페르세우스는 모험을 했고, 힘을 키웠으며, 영웅이 되었습니다. 그리고 힘을 키우는 기간 동안은 깨끗하게 잊어야 했던 고향 땅, 어머니의 섬으로 돌아와서는 다나에의 아들로서 독재자 폴리데크테스에게서 어머니를 해방시킵니다.

여자도 남성성을 키워야 하는 이유

폴리데크테스는 한 줌 권력으로 다나에를 지배하고 소유하려 한 천박한 왕이었습니다. 다나에의 관점에서 보면 더 명확해집니다. 다나에는 그를 사랑하지 않았으나, 폴리데크테스는 권력으로 사랑을 사려 했습니다. 화려하게 입혀 주고 먹여 주는 것으로 사랑을 사려는 자에게 굴복하는 건 사랑할 자유를 빼앗기고, 인생을 통째로 저당 잡히는 것이나 다름없습니다.

여자도 남성성을 키워야 하는 이유는 사랑을 지키기 위해서입니다. 사랑을 느끼고 나누는 건 여성적인 능력이지만 사

• 월터 크레인이 너새니얼 호손의 《그리스 로마 신화 Wonder Book for Girls & Boys》(1892)에 그린 삽화.

랑을 지키기 위해 싸우고 버티는 건 남성적인 능력이지요. 그런데 다나에처럼 사랑 이외의 것으로 사랑을 요구받는 치졸한 상황이 오면, 내 속의 남성성 페르세우스를 불러내야 합니다. 마음속에서 페르세우스를 키워야 사랑을 지킬 수 있답니다.

드디어 독재자에게서 어머니를 구하고 어머니의 섬에 평화를 일군 페르세우스는 그 섬을 어린 시절 자신과 어머니를 보호해 주었던 어부 디텍스에게 맡깁니다.

페르세우스에게서 일관된 뭔가를 발견하지 않았나요? 그래요, 그는 다 돌려주었습니다. 메두사의 머리도 원래 주인 아테나에게 돌려주고, 세리포스 섬도 섬사람 디텍스에게 돌려주고.

언제라도 떠날 수 있는 마음의 준비

페르세우스는 자기가 투쟁한 자리에다 집을 짓지 않습니다. 그것이 페르세우스가 행복한 이유가 아닐까, 나는 생각합니다. 세상에서 가장 질기고 무서운 게 집착입니다. 투쟁해서 얻은 것을 소유하게 되면 그 집착은 떼어 낼 수도, 놓아버릴 수도 없지요.

사실 권력은 그 자체로는 좋은 것도 아니고 나쁜 것도 아닙니다. 그런데 워낙 힘이 센 것이다 보니 그걸 쥔 사람이 권력에 집착해 놓치지 않으려 드는 겁니다. 그렇게 되면 권력이 클수록 사람은 더 왜소해지지요. 정정당당하게 자기 힘으로 싸워 스스로를 키우지 못하고, 본인이 나서서 직접 경험하고 해결해야 할 문제도 비겁하게 권력 뒤에 숨어 명령이나 하는 겁니다. 그러면서 그게 자기의 힘인 줄 알아요. 그런 사람들이 제일 무서워하는 것이 그 권력을 잃어버리는 거 아닐까요?

《명상록》에서 로마의 황제 아우렐리우스는 이렇게 말했습니다.

"오만을 부리지 말고 부유와 영화를 받아들여라. 그리고 언제라도 그것을 떠날 수 있는 마음의 준비를 갖추라."

아우렐리우스의 저 태도는 페르세우스의 태도이기도 할

• 에드워드 번 존스가 그린 〈불길한 머리The Baleful Head〉(1886~1887). 페르세우스는 메두사의 머리로 권력을 누리는 대신 아테나 여신에게 돌려준다.

것입니다. 떠날 때를 준비하는 사람은 부귀영화를 누리더라도 권력에 집착하지 않습니다.

빼앗기기 싫은 마음이 부른 참사

페르세우스의 이런 태도는 그를 버렸던 외할아버지 아크리시오스의 태도와 비교됩니다. 아크리시오스는 다나에가 낳은 외손자가 자기를 죽일 거라는 무시무시한 신탁 때문에 사랑하는 딸 다나에와 페르세우스를 바다에 던져 버린 무정한 외할아버지지요.

왜 그에게는 그 신탁이 그렇듯 무시무시하게 들렸을까요? 죽기 싫고, 빼앗기기 싫었기 때문일 겁니다. 두려움에 사로잡힌 그 마음이 사고를 친 거지요.

자신이 세리포스 섬에서 자라야 했던 이유를 알 턱이 없는 페르세우스는 어머니 섬에 평화를 찾아 주고는 외할아버지의 왕국 아르고스를 찾아갑니다. 사람은 그렇게 자기의 흔적을 찾아가게 마련인가 봅니다.

그런데 페르세우스가 오고 있다는 소식을 전해들은 아크리시오스는 테살리아로 피신을 합니다. 신탁의 저주에서 벗어나지 못한 외할아버지는 페르세우스 손에 죽을지도 모른다는 두려움이 너무 컸던 것입니다.

참으로 이상한 상황 아닌가요? 이쪽은 공격할 마음이 아예 없는데, 저쪽은 이미 방어 자세를 취하고 있으니 말이지요. 그런데 살다 보면 그런 일이 종종 일어납니다. 대체 아크리시오스는 왜 그런 것일까요?

두려움이 눈과 귀를 가릴 때

○

내가 두려워하는 것을 꺼내 볼 필요가 있습니다. 그렇지 않으면 거기 사로잡혀 스스로를 망치게 될지 모릅니다. 그리고 그 두려움을 꺼내 보면 그 속에 다음의 성장점이 있을 것입니다.

아크리시오스, 아르고스의 왕입니다. 왕이 되면 좋을까요? 당연히 좋겠지요. 그런데 좋기만 할까요? 왕이면 왕인 대로, 부유하면 부유한 대로, 가난하면 가난한 대로, 젊으면 젊은 대로, 늙으면 늙은 대로, 배웠으면 배운 대로, 못 배웠으면 배우지 못한 대로 눈물 나게 힘든 것이 삶입니다.

중요한 것은 그 눈물을 통해 자신의 허물을 벗고 거듭나야 한다는 것입니다. 그러지 못하면 스스로 자기 허물을 벗기까지 힘겨운 행태가 계속 따라다닌답니다. 이제 아크리시오스의 두려움에 대해 이야기해 볼까요?

가장 가까운 친구이자
가장 아픈 적

야곱과 에서 이야기를 들어 본 적이 있나요? 둘은 형제 사이의 갈등이 숙명임을 보여 주는 인물이지요. 형제 혹은 자매는, 같은 부모 밑에서 태어나 좋을 때는 세상에서 가장 가까운 친구지만 못마땅할 때는 진짜 아픈 적이 되는 관계입니다. 창세기를 보면, 야곱이 에서의 발꿈치를 잡고 나왔다고 합니다. 태어나면서 라이벌이고, 태어나면서 갈등하는 것이 형제인 거지요.

어쩌면 형제 사이의 반목은 우리가 풀어야 할 숙명인지도 모릅니다. 카인과 아벨도 그렇고, 이삭과 이스마엘도 그렇습니다. 성서뿐이 아닙니다. 이집트 신화의 주인공이라고 할 수 있는 오시리스와 세트도 마찬가지랍니다. 카인이 아벨을 살해한 것처럼 세트는 오시리스를 살해해 나일강에 던집니다.

아, 여기서 한 가지 주의할 점! 이러한 형제 사이의 갈등을 은유로 듣고 의미를 해석해야지, 사실로 듣고 형제 사이의 미움을 정당화해서는 안 된다는 것입니다.

신화는 신화일 뿐
오해하지 말자!

드라마 〈오징어 게임〉을 본 친구 있나요? 거기에 '무궁화 꽃이 피었습니다' 놀이가 나옵니다. 나도 그 놀이를 하면서 컸는데, 여러분도 그 놀이를 알더라고요.

어린 시절 놀이는 정말 중요한 의미를 지닙니다. 우리는 놀이에 몰입하며 '나'를 잊고 '나'를 넘어서는 감각을 배우지요. '나'의 껍질을 깨고 '나'를 표현해 내는 능력, 함께 공감하며 행복을 만들고 친구를 만들어 내는 능력을 키워 주는 것이 바로 놀이입니다.

그런데 드라마 〈오징어 게임〉에선 놀이에서 '규칙 따르기'만 떼어 내 감정과 감각에 두려움을 입힙니다. 모두가 생존을 위해 귀신이 되게 하는 세상, 그러니 생존도 보장 받지 못하는 세상! 감각을 키우는 놀이들이 규칙 설계자에 의해 목숨을 건 게임이 되다 보니 무궁화 꽃도 무심히 피지 못하고 쓰러져 가는 동료들의 피밭에서 삼엄하게 핍니다. 생각 없이 움직인 사람은 피 흘려 죽고, 마음이 약한 사람은 겁에 질리고, 위악적인 사람은 고립되지요.

'무궁화 꽃이 피었습니다'가 왜 그렇게 되었을까요? 어렸을 적 나도 그 놀이의 술래를 하면서 "너, 죽었어!"라는 말을 많이 했답니다. 여러분도 그랬지요? 놀면서 했던 그 말, '너 죽었어', '나 죽었다'를 '은유'가 아닌 '사실'로 받아들이면 〈오징어 게임〉이 되는 거랍니다. 인정사정없는 현대 사회의 메커니즘이 되어 우리가 사는 이 땅을 지옥이라 칭하게 만들지요.

신화도 마찬가지랍니다. 상징은 상징으로 받아들이고, 은유는 은유로 해석할 줄 알아야 합니다. 카인과 아벨, 오시리스와 세트의 이야기는 형제 사이의 갈등이 때론 엄청난 증오의 에너지를 불러오고, 그 에너지를 소화해 가는 과정 속에 우리의 존재 이유가 있음을 보여 주는 것입니다. 형제를 죽여도 된다는 이야기는 아닌 거지요.

자기 울음에 놀란 자, 자기 그림자에 사로잡힌 자

자, 다시 페르세우스의 외할아버지 아크리시오스에게로

돌아가 봅시다. 그리스 신화의 중요한 인물인 이 아크리시오스도 그랬답니다. 그에게는 야곱과 오시리스처럼 쌍둥이 형제가 있었습니다. 바로 프로이토스지요.

아버지 아바스가 죽고 왕위를 물려받은 아크리시오스가 제일 먼저 한 일은 프로이토스를 견제하는 것이었습니다. 프로이토스는 그걸 미리 알고, 아버지의 나라 아르고스를 떠나 머나먼 땅으로 도망갑니다. 자신을 피해 도망간 야곱이 마음에 걸렸던 에서처럼, 아크리시오스의 명치끝에도 늘 프로이토스가 걸려 있었겠지요? 제거하지 못한 프로이토스가 언제든 귀환해 자기를 위협할 수도 있다는 두려움이 있었던 것입니다.

아크리시오스를 움직인 가장 강력한 동력이 바로 이 두려움이었습니다. 그는 별 거 아닌 일에도 늘 겁에 질립니다. 자기 그림자에 놀란다고 하지요? 아크리시오스가 바로 그런 사람이었습니다. 왕이면서 겁에 잘 질리니 얼마나 아닌 척, 그걸 감추려 했을까요. 그렇지만 감추려 하면 할수록 진실은 드러나게 마련이지요.

그에게는 아들이 없었습니다. 과거 가부장적 사회에서는 대부분 아들로 대가 이어졌고, 그래서 강한 아들이 있어야

• 고대 그리스 그릇에 새겨진 델포이 신탁 모습(B.C. 440~430).
두려움을 이기지 못한 아크리시오스는 델포이 신전을 찾아
신탁을 받는다.

왕국의 미래를 보장받는다고 믿었습니다. 아크리시오스는 프로이토스가 자기 왕국을 넘보는 것이 아들이 없기 때문이라 믿었던 듯합니다. 그래서 그는 델포이 신전을 찾습니다. 두렵고 떨리는 마음으로 신탁을 받는데, 신탁이 이렇게 알려주는 겁니다.

"아바스의 아들, 아크리시오스에 이르노라. 네게는 왕국을 물려줄 아들이 없다. 그러나 네 딸이 영웅을 낳을 것이다. 그녀가 낳은 강력한 영웅이 왕국을 다스리게 되리라. 그리고 너는 그 영웅에게 죽을 것이다."

그 딸이 바로 유명한 다나에랍니다. 아크리시오스는 한 번도 생각지 못했던 곳, 엉뚱한 곳에서 삶의 브레이크가 걸리게 됩니다. 눈에 넣어도 아깝지 않은 딸이 내 목숨 줄을 끊을 강력한 아들을 낳는다니!

신탁은 신의 말씀, 어긋남이 없는 말씀, 돌이킬 수 없는 말씀입니다. 그런데 확실해 보이는 신의 말씀은 지독히 추상적이어서 해석을 요합니다. 안타까운 건 그걸 해석하는 존재가 어리석은 사람이라는 것입니다. 그 어리석음 때문에 삶이 꼬이게 되지요.

신탁은 신의 언어를 이해하지 못하는 어리석은 사람의 마음속에 있던 부정적 감정들을 증폭시켜 어리석은 행위를 부추깁니다.

형제 콤플렉스

여러분이 저 신탁을 받았다면, 어떤 말이 먼저 귀에 들어왔을까요? 나라면 '내 딸 다나에가 영웅을 낳는다'는 사실에 꽂혔을 겁니다. 그런데 아크리시오스는 '딸이 낳은 강력한 영웅에게 죽는다'에 꽂힌 거지요.

겁에 질린 아크리시오스는 아이를 낳지 못하도록 다나에를 청동 탑에 가두어 버립니다. 하지만 삶은 절대 이 겁 많은 사내의 뜻대로 되지 않습니다. 아무리 바빠도 연애는 하지 않던가요? 힘들고 외롭다고 사랑을 할 수 없는 건 아니니까요.

아버지의 방, 청동 탑에서도 사랑이 피어나 다나에는 깊고 깊은 사랑을 합니다. 그 상대는 바로 제우스! 하늘의 신 제우스에게는 사랑의 상대가 아버지의 탑 속에 갇혀 있다는 건 아무 문제가 되지 않습니다. '나'를 사랑해서 황금 비로 변신해 찾아온 남자를 다나에가 어찌 거부할 수 있었겠어요? 그 높디높은 아버지의 탑 속에서도 다나에는 사랑을 하고 임신을 하고 아이를 낳습니다.

이 사실을 알게 된 아크리시오스는 길길이 날뛰었습니다. 겁 많은 사람의 분노는 겁먹은 사람에겐 사자의 분노처럼 보여도, 실은 겁먹었음을 감추기 위한 지질한 반응에 지나지 않습니다.

권력을 빼앗길 수 있다는 두려움에 사로잡힌 아크리시오스는 다나에가 스스로 사랑할 권리가 있는 존재라는 사실뿐 아니라 아이의 존재도 인정하지 않았습니다. 아이의 아버지가 제우스라는 사실을 몰랐던 그는 겁에 질린 나머지 엉뚱한 해석을 하기에 이릅니다. 프로이토스가 자기를 무너뜨리려고 조카를 임신시킨 거라고 생각했답니다.

이것이 바로 콤플렉스입니다. 자기가 사로잡혀 있는 감정에서 자유롭지 못해 엉뚱한 해석으로 엉뚱한 곳에 도달해 놓고 진실이라 확신하는 것! 이 콤플렉스를 풀어내지 못하면 영원히 자유로울 수 없습니다.

이집트 신화의 오시리스나 창세기의 야곱은 형제 콤플렉

• 윌리엄 러셀 플린트가 찰스 킹슬리의 책 《영웅The Heroes》에 그린 삽화. (출처 www.maicar.com) 아크리시오스는 두려움에 사로잡혀 딸과 외손자를 궤짝에 넣어 바다에 던져 버린다.

스를 극복한 인물이라고 할 수 있습니다. 그러나 아크리시오스는 그렇지 못했지요. 끝까지 그를 움직인 힘은 두려움이었습니다.

내가 두려워하는 것을 꺼내 보세요

마침내 아르고스에 도착한 페르세우스는 인사하려고 외할아버지 아크리시오스를 찾아갔지만 만나지 못합니다. 테살리아로 가셨다는 얘기를 들었겠지요. 페르세우스는 그저 할아버지가 보고 싶어서 할아버지 계신 곳, 테살리아로 갑니다.

거기 도착하니 온 나라가 축제 분위기였습니다. 페르세우스도 경기장에서 열리는 원반 던지기 경기에 참여했지요. 그리고 마침 청중석에 있었던 아크리시오스가 페르세우스가 던진 원반에 맞아 세상을 떠납니다. 진짜로 예언이 실현된 것입니다.

여기서 예언이 이뤄졌다는 데 포커스를 맞추면 두려움이

• 발다사레 페루치가 그린 프레스코화 〈페르세우스와 메두사Perseus and Medusa〉(1510~1511).

커질지 모릅니다. 그런데 잘 생각해 보세요. 왕을 죽인 게 페르세우스였을까요? 아닙니다. 왕은 자기 두려움 때문에 무너진 것입니다. 자기 그림자에 놀라 죽은 거지요. 우리는 '내가 두려워하는 것', 거기서 무너집니다. 그런데 융이 그런 얘기를 했습니다. 내가 가장 두려워하는 것, 그것이 다음의 성장점이라고요.

여러분은 무엇이 두려운가요? 방어 자세를 취하게 되는 그 두려움은 아크리시오스의 그것처럼 근거가 없는 것일 수도 있습니다. 그러니 내가 두려워하는 것을 꺼내 볼 필요가 있습니다. 그렇지 않으면 두려움에 사로잡혀 스스로를 망치게 될지 몰라요. 두려워하는 것을 꺼내서 보면 그 속에 다음의 성장점이 있답니다.

지금까지 영웅 페르세우스 이야기를 했는데, 대체 영웅은 뭘까요? 영웅이란 무너진 그 자리에서 다시 시작하는 존재입니다.

닫는 글

다나에와 프로메테우스

그리스 사람들은 어째서 델포이에서 길을 찾으려 했던 것일까요? 어찌해 볼 수 없는 불가해한 운명이 있음을 그들은 알았던 게 아닐까요. 하지만 당시 내려진 신탁을 제대로 해석한 사람은 별로 없었습니다. 신탁은 신의 말씀인데, 자기 안의 신성에 가 닿지 못한 인간이 어떻게 그 언어를 이해할 수 있었겠어요. 에고eog(자아)로는 신의 언어를 해석할 수 없는데, 그 에고를 벗어 버리는 것이 쉽지 않습니다.

그리스 사람들이 특별히 어리석어서가 아닙니다. 신이 주는 예언의 말을 두려움 속에서 오해하고 왜곡하는 건 우리

인간이 가진 아집의 특성 아닐까요. 결국 에고를 뒤집어쓴 인간의 입장에서는 가장 이해되지 않는 방식으로 운명이 실현됩니다. 에고의 입장에선 운명이 뒤통수를 친 거지요. 정신 차리라고 하면서.

그때 목숨을 걸고 통곡하면서, 눈물 속에서 에고를 벗고 자기 생을 받아들이는 고대 그리스 사람들을 보면 '그래서 그리스구나'라며 감탄하게 됩니다. 삶이 하룻밤의 꿈, 하룻밤의 헛손질이라 해도 그 헛손질 속에서 길을 찾게 만드는 신성이 우리 안에, 우리 밖에, 온 세상에 존재한다는 것이, 우리가 함부로 살 수 없는 이유입니다.

다나에가 '나'라는 생각이 들 때

이제 헛손질의 대마왕 아크리시오스를 돌아봅시다. 저런 사람이 왕이었으니 그의 왕국의 백성들은 얼마나 힘들었겠어요. 힘센 사람이 성격적으로 문제가 있으면 가장 힘든 건 가까운 사람이니까요. 그의 딸 다나에도 그랬지요. 실제로 내가 다나에였다면, 나는 운명의 파고를 감당하기 어려웠을 겁니다. 공주면 뭐하나요, 아버지가 괴물인데.

'나'는 아무 잘못도 하지 않았는데 아버지가 어느 날 갑자기 얼음처럼 차가워지더니 탑에 가두어 버립니다. 이해할 수 없지요. '나'는 그저 아버지의 두려움과 불안의 희생양일 뿐인데. 그때 다나에는 얼마나 숨이 막히고 괴롭고 무서웠을까요.

보통 수행자들도 탑이나 동굴 같은 데로 들어갑니다. 세상과의 연결을 끊고 자기 고독 속으로 걸어 들어가는 겁니다. 수행자의 동인動因이 자기 의지인 것과 달리, 다나에에게는 의지가 없었습니다. 스스로 선택한 수행의 길이 아니라 폭력적으로 갇힌 것입니다. 그것도 가장 가까운 아버지, 힘센 아버지에 의해.

그런데 생각해 보면 우리네 인생길에도 이런 일이 드물지 않게 일어납니다. 어느 날 갑자기 기습적으로 닥치는 불운, 감당할 수 없는 무게로 '나'를 짓누르며 삶 전체를 감옥으로 느끼게 만드는 고통! 빠져나올 수도 없고 감당하기도 힘든 고통의 탑, 아버지의 탑! 그래서 어느 순간 그 다나에가 '나'와 같다고 느끼게 되는 것입니다.

"공부 좀 해라, 엄마 친구 딸은……." "그렇게 놀기만 하다가는……." "점수가 이게 뭐냐."

이렇게 우리는 어렸을 적부터 숱하게 비교 당하고, 평가당했습니다. 그렇게 지적질 당하며 상처 입은 자존감이 회복될 틈도 없이 약육강식의 세상으로 내던져졌고, 열정만큼 다치고 꿈만큼 짓밟혔습니다. 그러고 나면 남는 것은 후회와 체념, 쌓이는 것은 불안과 두려움뿐이었습니다.

두려움에 갇혀 사는 부모가 아이들에게 줄 수 있는 것은 두려움뿐입니다. 게다가 엄청난 성공을 일군 또래의 인생들을 보다 보면 힘이 쭉 빠지기도 하지요. 이름도 없고 내세울 것도 없는 평범한 '나'의 인생이 초라해 보일 수밖에요.

하지만 문제에 짓눌려 답을 찾으려는 의지가 꺾이지 않는 한, 문제가 있는 곳에는 답이 있습니다. 그리고 그 실마리는 '고독'이지요. 갇힌 다나에가 아버지의 탑을 어찌해 볼 수 없는 감옥으로 여기지 않고 코카서스 산 절벽을 견디는 프로메테우스의 시간으로 여길 때, 고독의 시간은 빛나는 시간이 됩니다. 융은 그것을 '빛나는 어둠'이라고 표현했지요.

고통에 대한 감수성이 생기면 고통을 회피하지 않고 대면할 수 있는 힘이 생깁니다. 삶이 자유로워지는 거지요.

고독을 견디는 프로메테우스의 시간

제우스의 벼락(혹은 헤파이스토스의 대장간)에서 불씨를 훔쳐 인간에게 전해 준 죄로 코카서스 산 절벽에 묶인 프로메테우스에 대해 들어 본 적 있나요? 제우스의 명령으로 프로메테우스는 절체절명의 절벽에 묶여 옴짝달싹하지 못하게 되었고, 매일 제우스의 신조 독수리가 날아와 그의 간을 뜯어 먹습니다.

그런데 기적은 밤에 일어납니다. 하루 종일 뜯긴 간이 밤새 다시 살아나는 거지요. 싱싱해진 간은 다음 날 또 독수리의 먹이가 되고요. 프로메테우스는 무려 3,000년 동안이나 그렇게 지냈다고 합니다. 100년 동안의 고독이 아니라 3,000년 동안의 고독인 거지요.

고대 예언자들은 짐승들의 간을 보고 점을 쳤다고 합니다. 모두가 연결되어 있는 세계에서 공동체나 세상에 어떤 일이 일어날지 알리는 징조가 간 속에 있다고 믿었던 거지요. 그만큼 간은 영혼의 장기였고, 그 간을 내준다는 건 생명을 내어 준다는 의미나 다름없습니다. 프로메테우스는 인간에게

• 토마스 콜이 그린 〈포박된 프로메테우스Prometheus Bound〉(1847). 코카서스 산 절벽에서 고독을 견디는 프로메테우스의 시간을 담고 있다.

자기를 던져 불을 전한 것입니다.

프로메테우스란 '미리 아는 자'라는 뜻입니다. 그런 프로메테우스가 인간에게 불을 전하는 일이 얼마나 혹독한 대가를 치러야 하는 일인지 몰랐을 리 없습니다. 그 대가가 3,000년 동안의 고독이었으니……. 그럼에도 모든 위험을 감수하고 인간에게 불을 전했으니, 그것이 사랑이 아니면 무엇이 사랑일까요?

프로메테우스는 자기 형상을 따라 인간을 만들었습니다. 자기와 닮은 존재를 만들었다는 것은 자기 자신을 보고 알고, 자기 자신에 귀 기울였다는 뜻이겠지요? 하지만 대부분의 인간은 자신을 보지 않고 바깥세상만을 봅니다. 바깥세상에 끌려만 다니니 우왕좌왕 좌충우돌이 일상이고, 자신을 보지 않고 자신에게 귀 기울이지 않으니 자존감이 생길 리 없지요.

자기 형상을 따라 인간을 만든 프로메테우스는 인간에게 무엇이 필요한지 알았습니다. 그것은 바로 불, 생명의 불이었습니다! 신화를 사랑하는 독일의 시인 구스타프 슈바브는 이렇게 말했습니다. 프로메테우스는 땅에 하늘의 씨가 잠들어 있다는 것을 알았다고. 그 하늘의 씨를 보살피기 위해 프로메테우스는 하늘의 불씨를 훔쳐 인간에게 주고 후회 없이, 미련 없이 코카서스 산의 절벽을 고독하게 견딘 것입니다.

고독의 탑을 황금 비의 사랑으로 바꾼 것

그렇다면 다나에는 어땠을까요? 아버지의 탑에서 프로메테우스의 절벽 같은 시간을 보내며 그녀는 자기 속에 하늘의 씨가 잠들어 있다는 것을 믿었던 것 아닐까요? 그것이 하늘을 부른 것이지요. 다나에는 두려움에 사로잡힌 아버지에게 빌며 아버지처럼 두려움을 키우지도 않았고, 아버지를 미워하지도 않았을 것입니다.

하늘의 신 제우스가 황금 비로 내려와 그녀를 감쌌다는 것은 현실적으로는 아버지의 탑에 갇힌 힘없는 딸이지만, 내적으로는 하늘의 신과 사랑을 나눌 수 있는 당당한 여인이었음을 보여 줍니다.

희망의 빛이라곤 전혀 들 것 같지 않은 고독의 탑을 황금 비의 사랑으로 바꾼 것은 다나에가 가진 자기 자신에 대한 믿음, 그 힘이었다고 믿습니다. 그리고 그 사랑으로 영웅 페르세우스를 낳은 것이지요. 페르세우스가 그녀 안에 있었던 것입니다.

어느새 페르세우스 이야기도 막을 내려야 하는 시간이네요. 어때요? 페르세우스 신화를 함께 읽으며 내 안에 새겨진 열정을 발견하고, 나만의 길을 찾아 떠날 용기가 생겼나요?

이 책은 《그리스 신화, 내 마음의 별》에 수록되었던 '신의 아이 페르세우스' 이야기를 여러분의 눈높이에 맞춰 다듬고 발전시킨 것입니다. 다나에가 자기 자신에 대한 믿음으로 고독의 탑을 황금비의 사랑으로 바꾸었던 것처럼, 페르세우스가 두려움을 이기고 자기만의 길을 찾았던 것처럼 여러분도 스스로의 그림자와 대면하고 고독의 시간을 견디며 멋진 어른으로 성장하기를 바랍니다.

• 오라치오 젠틸레스키가 그린 〈다나에와 황금 비Danaé and the Shower of Gold〉(1621~1623). 고독의 탑을 황금 비의 사랑으로 바꾼 건 자기 자신에 대한 믿음이었다.

아우름

다음 세대를 생각하는 인문교양 시리즈

다음 세대에 전하고 싶은 한 가지는 무엇입니까?

1. 손잡지 않고 살아남은 생명은 없다 • 최재천 지음
★ 아침독서신문 청소년 추천도서 ★ 청소년 북토큰 도서
★ 학교도서관저널 추천도서 ★ 세종도서 교양도서

2. 사랑할 시간이 그리 많지 않습니다 • 장영희 지음
★ 세종도서 문학나눔 도서

3. 왜 주인공은 모두 길을 떠날까? • 신동흔 지음
★ 세종도서 문학나눔 도서 ★ 책따세 추천도서 ★ 도서문화재단 씨앗 주제도서

4. 인연이 모여 인생이 된다 • 주철환 지음

5. 배움은 어리석을수록 좋다 • 우치다 타츠루 지음 | 박재현 옮김
★ 올해의 청소년 교양도서 ★ 청소년 북토큰 도서

6. 내가 행복한 곳으로 가라 • 김이재 지음

7. 새로운 생각은 받아들이는 힘에서 온다 • 김용택 지음

8. 노력은 외롭지 않아 • 마스다 에이지 지음 | 박재현 옮김

9. 내가 읽은 책이 곧 나의 우주다 • 장석주 지음
★ 아침독서신문 청소년 추천도서 ★ 세종도서 교양도서

10. 산도 인생도 내려가는 것이 더 중요하다 • 엄홍길 지음
★ 아침독서신문 청소년 추천도서

11. 나는 매일 감동을 만나고 싶다 • 히사이시 조 지음 | 이선희 옮김

12. 정의, 나만 지키면 손해 아닌가요? • 김경집 지음
★ 올해의 청소년 교양도서 ★ 학교도서관저널 올해의 책
★ 아침독서신문 청소년 추천도서 ★ 청소년 북토큰 도서

13. 자신만의 하늘을 가져라 • 강판권 지음

14. 내 삶의 길을 누구에게 묻는가? • 백승영 지음

15. 옛 거울에 나를 비추다 • 공원국 지음

16. **세상은 보이지 않는 끈으로 연결되어 있다** • 최원형 지음

★ 세종도서 교양도서 ★ 환경정의 선정 올해의 청소년 환경책 ★ 아침독서신문 청소년 추천도서

17. **감정은 언제나 옳다** • 김병수 지음

18. **큰 지혜는 어리석은 듯하니** • 김영봉 지음

19. **우리는 모두 예술가다** • 한상연 지음

★ 아침독서신문 청소년 추천도서

20. **인공지능, 아직 쓰지 않은 이야기** • 고다마 아키히코 지음 | 박재현 옮김

21. **틀려도 좋지 않은가** • 모리 츠요시 지음 | 박재현 옮김

22. **고운 마음 꽃이 되고 고운 말은 빛이 되고** • 이해인 지음

★ 아침독서신문 청소년 추천도서 ★ 학교도서관저널 추천도서 ★ 책따세 추천도서

23. **좋은 질문이 좋은 인생을 만든다** • 모기 겐이치로 지음 | 박재현 옮김

24. **헌법, 우리에게 주어진 놀라운 선물** • 조유진 지음

★ 아침독서신문 청소년 추천도서

25. **기생충이라고 오해하지 말고 차별하지 말고** • 서민 지음

★ 아침독서신문 청소년 추천도서

26. **돈과 인생의 진실** • 혼다 켄 지음 | 정혜주 옮김

27. **진실은 유물에 있다** • 강인욱 지음

★ 아침독서신문 청소년 추천도서

28. **인생이 잘 풀리는 철학적 사고술** • 시라토리 하루히코 지음 | 박재현 옮김

29. **발견이 전부다** • 권덕형 지음

30. **세상이 어떻게 보이세요?** • 엄정순 지음

★ 아침독서신문 청소년 추천도서

31. **상식이 정답은 아니야** • 박현희 지음

32. **다르지만 다르지 않습니다** • 류승연 지음

★ 아침독서신문 청소년 추천도서 ★ 학교도서관저널 추천도서

33. **잃어버린 지혜, 듣기** • 서정록 지음

34. **배우면 나와 세상을 이해하게 됩니다** • 이권우 지음

★ 아침독서신문 청소년 추천도서

다음 세대를 생각하는 인문교양 시리즈

35. 우리 마음속에는 저마다 숲이 있다 • 황경택 지음
★ 세종도서 교양도서 ★ 아침독서신문 청소년 추천도서

36. 우연이 아닌 선택이 미래를 바꾼다 • 류대성 지음

37. 글을 쓰면 자신을 발견하게 됩니다 • 박민영 지음
★ 세종도서 교양도서 ★ 학교도서관저널 추천도서

38. 우리는 스스로 빛나는 별이다 • 이광식 지음
★ 학교도서관저널 추천도서

39. 도시는 만남과 시간으로 태어난다 • 최민아 지음

40. 미생물에게 어울려 사는 법을 배운다 • 김응빈 지음
★ 세종도서 교양도서 ★ 아침독서신문 청소년 추천도서

41. 좋은 디자인은 내일을 바꾼다 • 김지원 지음
★ 아침독서신문 청소년 추천도서

42. 창의성이 없는 게 아니라 꺼내지 못하는 것입니다 • 김경일 지음
★ 세종도서 교양도서 ★ 아침독서신문 청소년 추천도서 ★ 청소년 북토큰 도서

43. 시장, 세상을 균형 있게 보는 눈 • 김재수 지음

44. 다를수록 좋다 • 김명철 지음
★ 청소년 북토큰 도서

45. 창의적 생각의 발견, 글쓰기 • 정희모 지음

46. 나 자신부터 돌봐야 합니다 • 최대환 지음
★ 세종도서 교양도서

47. 아픔에서 더 배우고 성장한다 • 이서원 지음

48. 세계를 흥 넘치게 하라 • 최준식 지음

49. 고전의 바다에서 지혜를 낚는 법 • 이한우 지음

50. 마이너 없이 메이저 없다 • 나태주 지음

51. 공부란 무엇인가 • 한근태 지음

52. 메타버스 세상의 주인공들에게 • 이상근 지음

소년은 어떻게
어른이 될까

1판 1쇄 인쇄 2022년 3월 22일
1판 1쇄 발행 2022년 3월 31일

지은이 이주향
펴낸이 이붕우

주간 이동은
콘텐츠본부 고혁 송은하 김초록 김지용
디자인 이영민
마케팅본부 송영우 어찬 윤다영
관리 박현주

펴낸곳 ㈜샘터사
등록 2001년 10월 15일 제1-2923호
주소 서울시 종로구 창경궁로35길 26 2층 (03076)
전화 02-763-8965(콘텐츠본부) 02-763-8966(마케팅본부)
팩스 02-3672-1873 이메일 book@isamtoh.com 홈페이지 www.isamtoh.com

ISBN 978-89-464-7402-4 04080
ISBN 978-89-464-1885-1 04080(세트)

값은 뒤표지에 있습니다.
잘못 만들어진 책은 구입처에서 교환해 드립니다.